星雲說喻 四

星雲大師略傳

星雲大師，中國江蘇江都人，生於一九二七年。幼年家貧，輟學，父母因忙於家務，隨外祖母長居多時，後盧溝橋中日戰起，父應於一九三八年間因戰火罹難，與母尋父，有緣於南京棲霞山禮志開上人披剃，實際祖

庭為江蘇宜興大覺寺。一九四七年焦山佛學院畢業，期間歷經宗下、教下、律下等叢林完整的佛門教育。之後應聘為白塔國民小學校長、《怒濤月刊》主編、南京華藏寺住持等。

一九四九年至臺，擔任「臺灣佛教講習會」教務主任及主編《人生雜誌》。

一九五三年任宜蘭念佛會導師；一九五七年於臺北創辦佛教文化服務處；一九六四年建設高雄壽山寺，創辦壽山佛學院；一九六七年於高雄開創佛光山，樹立「以文化弘揚佛法，以教育培養人才，以慈善福利社會，以共修淨化人心」之宗旨，致力推動「人間佛教」，並融古匯今，手訂規章制度，印行《佛光山清規》，將佛教帶往現代化的新里程碑。

大師出家八十餘年，於全球創建三百餘所寺院，如美國西來寺、澳洲南天寺、非洲南華寺、巴西如來寺等，均為當地第一大寺。此外，並創辦十六所佛教學院、二十五所美術館、圖書館、出版社、書局、五十部「雲水書坊」行動圖書館、五十餘所中華學校，暨智光商工、普門中學、均頭中小學、均一中小學和多所幼兒園等。以及先後創辦美國西來大學、臺灣南華大學、佛光大學、澳洲南天大學及菲律賓光明大學等。二〇〇六年，西來大學正式成為美國大學西區聯盟（WASC）會員，為美國首座由中國人創辦並獲得該項榮譽之大學；二〇一〇年澳洲南天大學通過政府高等教育品質與標準署（TEQSA）認證。二〇一五年，五校整合成為第一個跨國又跨洲的國際性「佛光山系統大學」。

一九七〇年起，相繼成立育幼院、佛光精舍、慈悲基金會，設立仁愛之家、雲水醫院、佛光診所、雲水護智車，協助高雄縣政府開辦老人公寓，並於大陸捐獻佛光中、小學和佛光醫院數十所，並於全球捐贈輪椅、組合屋，從事急難救助，育幼養老，扶弱濟貧。

一九七六年《佛光學報》創刊，翌年成立「佛光大藏經編修委員會」，重新標點分段，編纂《佛光大藏經》近千冊暨編印《佛光大辭典》。一九八八年成立「佛光山文教基金會」，舉辦學術會議、出版學術論文集、期刊等；一九九七年出版《中國佛教經典寶藏精選白話版》一三二冊、《佛光大辭典》

光碟版，設立「佛光衛星電視臺」（後更名為「人間衛視」），並於臺中協辦「全國廣播電臺」。二〇〇〇年《人間福報》創刊，成為第一份由佛教界發行的日報。

二〇〇一年發行二十餘年的《普門雜誌》轉型為《普門學報》論文雙月刊（二〇一六年復刊更名為《人間佛教學報・藝文》）；同時期，收錄海峽兩岸有關佛學的碩、博士論文及世界各地漢文論文，輯成《法藏文庫・中國佛教學術論典》共一一〇冊。二〇一三年，出版《世界佛教美術圖說大辭典》二十巨冊，二〇一四年出版《佛光大辭典》增訂版十大冊、《獻給旅行者365日——中華文化佛教寶典》，以及《金玉滿堂》人間佛教教材。

大師著作等身，撰有《釋迦牟尼佛傳》、《佛教叢書》、《往事百語》、《佛光教科書》、《佛光祈願文》、《六祖壇經講話》、《迷悟之間》、《人間佛教系列》、《當代人心思潮》、《人間佛教論文集》、《人間佛教當代問題座談會》、《人間佛教語錄》、《僧事百講》、《百年佛緣》、《貧僧有話要說》、《人間佛教佛陀本懷》及《星雲大師全集》等，總計三千餘萬言，並譯成英、德、法、日、韓、西、葡等二十餘種語言，流通世界各地。

大師教化弘廣，有來自世界各地跟隨出家之弟子二千餘人，全球信眾達數百萬，傳法法子百餘人，遍及大陸各省以及海內外如日本、韓國、香港、新加坡、澳洲等地，如韓國頂宇法師、南京佛教協會會長隆相法師、保定佛教協會會長真廣法師、錦州佛教協會會長道極法師、中國佛教協會常務理事道堅法師等。一九九二年於美國洛杉磯正式成立國際佛光會，被推為世界總會總會長；至今於五大洲一百七十餘個國家地區成立協會，成為全球華人最大的社團，實踐「佛光普照三千界，法水長流五大洲」的理想。

佛光會先後在世界各大名都，如：洛杉磯、多倫多、雪梨、巴黎、香港、東京等地召開世界會員大會，與會代表五千人以上；二〇〇三年，通過聯合國審查肯定，正式成為「聯合國非政府組織」（NGO）會員。歷年來，大師提出「歡喜與融和、同體與共生、尊重與包容、平等與和平、圓滿與自在、自然與生命、公是與公非、發心與發展、自覺與行佛、化世與益人、菩薩與義工、環保與心保、幸福與安樂、希望與未來、共識與開放」等主題演説，倡導「地球人」思想，成為當代人心思潮所向及普世共同追求的價值。

由於大師在文化、教育及關懷全人類之具體事蹟，一九七八年起先後榮膺世界各大學頒贈榮譽博士學位，有美國東方大學、西來大學、泰國摩訶朱拉隆功大學、智利聖多瑪斯大學、韓國東國大學、泰國瑪古德大學、澳洲格里菲斯大學、臺北輔仁大學、美國惠提爾大學、高雄中山大學、香港大學、韓國金剛大學、澳門大學、嘉義中正大學、韓國威德大學、屏東大學、香港中文大學等。近年來，並獲大陸各大學頒予名譽教授，如南京大學、北京大學、廈門大學、南昌大學、揚州大學、山東大學、武漢大學、人民大學、上海同濟大學、湖南大學、上海師範大學、浙江大學、上海交通大學及東北財經大學等。同時，多次獲得內政部、外交部、教育部頒贈壹等獎章；二〇〇〇年獲總統頒贈「國家公益獎」，二〇〇二年獲得「十大傑出教育事業家獎」，二〇〇五年榮獲「總統文化獎菩提獎」等，肯定大師對國家、社會及佛教的貢獻。

大師在國際間亦獲獎無數，如：一九九五年獲全印度佛教大會頒發「佛寶獎」；二〇〇〇年在第二十一屆世界佛教徒友誼會上，泰國總理乃川先生親自頒發「佛教最佳貢獻獎」；二〇〇六年獲香港鳳凰衛視頒贈「安定身心獎」，以及世界華文作家協會頒予「終身成就獎」暨「永久榮譽會長」、美國共和黨亞裔總部代表布希總統頒贈「傑出成就獎」；二〇〇七年獲西澳Bayswater市政府頒贈「貢獻獎」；二〇一〇年獲得首屆「中華文化人物」終身成就獎；二〇一三年獲頒「中華之光——影響世界華人終身成就獎」以及「二〇一三華人企業領袖終身成就獎」。

大師悲願宏深，締造無數佛教盛事。一九八八年十一月，被譽為北美洲第一大寺的西來寺落成，並傳授「萬佛三壇大戒」，為西方國家首度傳授三壇大戒。同時主辦「世界佛教徒友誼會第十六屆大會」，海峽兩岸代表同時參加，為兩岸佛教首開交流創舉。一九八九年應中國佛教協會之邀，率「弘法探親團」赴大陸，並與國家主席楊尚昆、政協主席李先念於北京人民大會堂會晤，開啓兩岸佛教交流盛事。

一九九八年二月，大師遠赴印度菩提迦耶傳授國際三壇大戒，恢復南傳佛教失傳千餘年的比丘尼戒法，同時舉行多次在家五戒、菩薩戒會。同年四月，率團從印度恭迎佛牙舍利蒞臺供奉。二〇〇四年十一月至澳洲南天寺傳授國際三壇大戒，亦為澳洲佛教史上首度傳授三壇大戒，成為當地佛教盛事。

大師一生積極推動國定佛誕節的設立，一九九九年經立法院通過，將農曆四月八日訂為國定假日，並於二〇〇〇年慶祝佛教東傳中國二千年首度國定佛誕節。二〇〇一年十月親赴紐約「九一一事件」地點灑淨，為罹難者祝禱；同年十二月，受邀至總統府以「我們未來努力的方向」發表演說。二〇〇二年元月與大陸達成佛指舍利蒞臺協議，以「星雲簽頭，聯合迎請，共同供奉，絕對安全」為原則，組成「臺灣佛教界恭迎佛指舍利委員會」，至西安法門寺迎請舍利到臺灣供奉三十七日，計五百萬人瞻禮。

二〇〇三年七月，大師應邀至廈門南普陀寺參加「海峽兩岸暨港澳佛教界為降伏『非典』國泰民安世界和平祈福大法會」；同年十一月，應邀參加「鑑真大師東渡成功一二五〇年紀念大會」；隨後應中國藝術研究院宗教藝術研究中心之邀，率領佛光山梵唄讚頌團至北京、上海演出；二〇〇四年二月，兩岸佛教共同組成「中華佛教音樂展演團」，至臺、港、澳、美、加等地巡迴弘法。

二〇〇六年三月，至享有「千年學府」之譽的湖南長沙嶽麓書院講說，同年四月，以八大發起人之一的身分，應邀出席於杭州舉辦之首屆「世界佛教論壇」並發表主題演說。二〇〇九年，國際佛光會與中國佛教協會、中華文化交流協會、香港佛教聯合會主辦「第二屆世界佛教論壇」，並於無錫開幕，臺北閉幕，寫下兩岸四地宗教交流新頁。二〇一二年九月，應「世界經濟論壇」之邀，出席「第六屆夏季達沃斯論壇」，主講「信仰的價值」，為該論壇創辦以來，首位發表專題演說之佛教領袖。

二〇〇八年起，悉數捐出各地版稅、一筆字所得，由弟子分別於臺灣、大陸、澳洲等地，成立教育文化公益基金，舉辦各種教育、文化等贈獎、公益項目。二〇一〇年起，應邀於北京之中國美術館及中國國家博物館舉行「星雲大師一筆字書法展」，為首位在該館展出書法作品的出家人，後陸續於海南、天津、內蒙古、山西太原、廣東、雲南、廈門、鎮江、上海、大連、山東、浙江、廣西、貴州等美術館或博物館（院）展出。

二〇一一年十二月，大師指導建設的佛陀紀念館開館落成，翌年即獲「國家建築金獎——文化教育類金獅獎」；開館第三年（二〇一四）獲得國際博物館協會（ICOM）認證，成為該會最年輕的正式會員；同年，全球最大旅遊網站TripAdvisor評為「二〇一四年大獎得主」，頒發「優等」證書，以各項藝術展覽、教育推廣、兩岸文化交流、地宮收藏時代文物、永久為社會大眾持續做公益服務等項目受國際肯定。

為推動世界和平交流往來，歷年來，大師曾與各國領袖會面，如：泰皇蒲美蓬、印度總理尼赫魯、菲律賓總統馬嘉柏皋、多明尼克總統塞紐瑞、美國副總統高爾，以及馬來西亞三任首相馬哈地、阿都拉・巴達威和納吉等。此外，大師先後並與各宗教領袖交換意見，如：世界佛教徒友誼會會長泰國公主蓬・碧司邁・迪斯庫爾，天主教教宗若望保祿二世（約翰保羅）、本篤十六世等晤談。

二〇〇四年，大師應聘擔任「中華文化復興運動總會」宗教委員會主任委員，與基督教、天主教、一貫道、道教、回教等領袖，共同出席「和平音樂祈福大會」，促進宗教交流，實際發揮宗教淨化社會人心之功用。也先後與瑞典諾貝爾文學獎審查人馬悅然教授、漢學家羅多弼教授、哈佛大學傅高義教授、諾貝爾文學獎得獎人莫言先生等人進行人文交流座談。二〇一三年，與大陸三任國家領導人習近平、胡錦濤及江澤民見面，寫下佛教歷史新頁。

近年，大師於大陸宜興復興祖庭大覺寺，並捐建中國書院博物館、揚州鑑真圖書館、南京大學佛光樓，成立揚州講壇、星雲文化教育公益基金會等，積極推動文化教育，期能促進兩岸和諧，帶動世界和平。

大師一生弘揚人間佛教，對佛教制度化、現代化、人間化、國際化的發展，可說厥功至偉！

編者的話

臺灣電視臺開播初期，民風保守，佛教相關節目無法於電視臺播放。直至七〇年代，臺灣僅有的三家電視臺，陸續開始邀約大師開闢佛教弘法節目，由《甘露》到《信心門》，由《佛學講座》到《星雲禪話》，由《每日一偈》到《星雲法語》等，大師當時「遊走三臺」，可謂臺灣電視史上的特例，更為佛教的電視弘法，開啓先河。

一九九四年六月，大師應邀在臺視宣講《星雲說喻》。大師綜觀古今，舉出發生在我們生活周遭的見聞故事，以簡短巧妙的譬喻，引導觀眾以智慧跳脫生活的困境，得到解脫自在。每天五分鐘的節目，如智慧的甘霖，化解無數觀眾的熱惱。之後，應觀眾要求而將節目內容付諸文字。

此套《星雲說喻》特從大師千餘篇文章中，擇錄部分內容，以「布施、持戒、忍辱、精進、禪定、般若」六度波羅蜜分類，方便讀者系列性閱讀。

星雲說喻四・精進

兩種語言

隨著資訊傳播的發達，社會需求的改變，無論是政治、經濟、文化、教育、宗教，無不邁向全球化、國際化的道路。在這種趨勢下，跨文化的學習就成為不可或缺的要件。因為具備了應用外語的能力及國際觀的視

野，才方便彼此溝通，更能直接、深入地了解對方的文化內涵，促進雙方的互動與交流。

確實，人類共存在一個地球上，唯有具備「同體共生」的共識，才能和而不爭，達到世界一家的理想，讓地球長存而不頹。然而不同的國家、種族，各自擁有不同的文化、語言與風土人情，究竟該如何相互溝通交流呢？只有走向對方，互通有無才能達成，而學習對方的語言，就是溝通的第一步。

有一個「貓捉老鼠」的故事，就巧妙地表達了學習第二語言的重要性。

有一隻貓，把老鼠追丟了，但牠不死心，守在老鼠洞前，等待機緣。可是左等右等，老鼠就是不出來。貓子想，要攻破老鼠的心防，就不能讓老鼠識破自己的聲音，於是學狗汪汪叫。老鼠一聽到狗叫聲，以為貓子走了，就很安心地走出來。哪知一走出洞口，就被貓子逮個正著。老鼠不服氣地說：「剛剛我明明聽到狗叫聲，怎麼會是你呢？」貓子得意洋洋地說：「這年頭若不懂兩種語言，會沒飯吃的。」老鼠聽了也覺得很有道理，只好自認倒楣了。

貓子説的對，這年頭不會兩種語言是無法生存的。未來的世界，由於交通的便利，科技、資訊的發達，人類的交流必然愈來愈密切，甚至走向融和無國界，形成地球村的新世紀。因此，學習第二語言才能掌握時事的脈動，為自己的人生開創新局，才不會被時代所淘汰了！

念佛的老婆婆

有一位一生念佛、拜佛的老婆婆，她數十年來都精進不退轉。不料往生後，卻沒有到西方極樂世界去，反而墮落到地獄道。

閻羅王審判的時候，老婆婆不服氣，向閻羅王抗議：「閻羅王，我念了多少的阿彌陀佛，應該是阿彌陀佛來接引我，怎麼會到你這裡來呢？不公平啊！」閻羅王說：「有這樣的事嗎？」便命旁邊的獄卒，查一查事情的原委。

獄卒一查：「報告閻羅王，這個老婆婆確實是有念佛，不過她念的佛號，都是一堆空殼子。」

老太婆一聽，上前辯解說：「哎呀！我念的佛可是堆積如山，他怎能說是一堆空殼子！」

閻羅王對老婆婆說：「老婆婆！『口念彌陀心散亂，喊破喉嚨也徒然』，你口中念佛，心卻在打妄想，散亂、不專心地念佛是沒有用

的。」

老婆婆抗議：「你亂講，我念了一生的佛，就算有妄想，但總有一點真心誠意的時候吧！怎麼能說一句都沒有呢？」

閻羅王又叫獄卒再查一查。獄卒仔細地查過了以後，報告閻羅王：「確實，在她許多空殼子的佛號裡，我查到了一句真真實實的佛號。有一次，她看到一條蛇要吃青蛙，千鈞一髮之際，喊了一聲『哎呀！阿彌陀佛！』當時她確實生起一念的慈悲心，那一念是真真實實的。」

閻羅王說：「有這麼一回事？好，只這一句就送她到西方極樂世界去吧！」

經典記載：「念佛一聲，罪滅河沙。」我們念佛，能夠一念真實，一念慈悲，縱使是一句佛號，其功德都是不可思議的。真實念佛者，不在佛號數量的多少，而在真心實意。懇切真心地將一句佛號往心裡扎根，就能念出智慧，念出功德，還怕臨命終時不見阿彌陀佛？還怕極樂世界沒有蓮花綻放嗎？

人生的階梯

有兄弟兩人外出登山，下山後，準備回到八十層樓的家，沒想到正好碰上大樓的電梯故障。兩兄弟自許為登山好手，不懼八十層的高樓，於是振奮起精神，一步一步往上爬行。

爬到二十層樓，兩人並不

覺得疲累氣喘，依然繼續努力向上爬。到四十層樓時，兩人開始感到腿痠，背在身上的登山器具更顯得沉重，於是決定將背上的行李暫時放在第四十層樓，等到有電梯可乘時，再去取回。

到了六十層，已經感覺吃力，氣喘吁吁，無力再往上爬，可是一想到只剩下二十層，又有何難？所以，最後的二十層階梯，儘管辛苦、疲倦、氣喘、流汗、力盡，他們最終還是堅持爬上了第八十層樓。

當哥哥準備要開門時，忽然大喊：「糟糕！鎖匙放在行李中，沒有帶上來！」兄弟兩人頓時如洩氣的皮球一般，感到一片茫然！

八十層的階梯，寓意人生八十年的歲月。年輕力壯的二十歲，學習力強，盡天下事物都是值得冒險與嘗試的新鮮事物；四十歲之後，也許正值事業頂峰，叱吒風雲於職場，又或許正為實踐理想、養家餬口，卯足全力在奮鬥；六十歲以後，體力已大不如前，閱盡了人間喜怒哀樂事，開始懂得要享受生活；到了八十歲，齒已搖，髮已蒼，終於要開啟幸福的大門了，卻赫然發現幸福的鎖匙，竟放在「沉重的行李」裡忘了拿，可惜已無力回頭去取了。

什麼是沉重的行李？人人的認知不同，可能是高堂父母，可能是健康身體，或者是美滿家庭、旅遊參學……當奮力往上爬時，為了減輕重量，被一一擱下的「行李」，卻在老來體衰，回首過往，才空嘆那些才是真正的幸福，我們怎能不引為警惕呢？

三個月的生命

地獄裡的趙判官，奉閻羅王之命，到人間來告知世人的陽壽還剩多少。

一天，趙判官坐在路邊，一邊振鈴，一邊對著告老還鄉的甲說：「你的壽命只剩下三個月，三個月後，我會到你的家中搖鈴，只要鈴聲一響，你就會隨著我的引導而亡。」說罷，趙判官又再搖鈴一聲，對著經商路過的乙說道：「你的壽命也是只剩三個月，三個月後，我會到你府上搖鈴，在鈴聲中，你也將隨我而亡。」

甲乙二人聞言，心生恐懼，忐忑不安。從此以後，甲每日憂傷煩惱，想到自己只剩下三個月的壽命，飯也吃不下，覺也睡不好。每天只是看著自己所賺得的錢財發愁，手中不斷地數著自己一生辛勞

所積聚的財富，不知如何是好。

另一方面，商人乙想到自己還剩下三個月的生命，深覺人生苦短，即使擁有萬貫家財，於己又有何用？因此他廣行布施，到處造橋鋪路，隨緣濟貧救困，如此一忙，竟然忘了自己的煩惱。

當三個月的期限一到，趙判官依約來到甲府，本來已因憂鬱煩惱、心神不寧，導致身體衰弱的甲，一看到趙判官，連鈴聲都還沒響起，他就已經倒地而亡了。然而乙則因為行善布施，造福鄉里，社區感念之餘，為表達謝意，聯手贈送牌匾。一時鑼鼓喧天，熱鬧不已，任憑趙判官的鈴聲再響，乙都沒有聽見，因而逃過一劫。

對於命運，要知命不認命。人生是好是壞，自己有一定的主導權，遭遇雖因人而異，但有的人怨天尤人、不知長進，落得前途黯淡；有的人則安貧守節、樂天知命，所以能不憂不懼。觀念、想法與處事態度，決定了每個人的禍福榮辱與是非成敗，只要我們常持正念、熱愛生命，就能開創出迥然不同的人生。

人生的得失苦樂，操之在我，不由他人，要有這樣的器識，便能讓自己的生命活出精采自信！

富翁與四位夫人

從前，有一位富翁年紀老邁，眼看不久就要離開世間了。他心想：萬貫的家財帶不走，不如找個人來陪，這樣黃泉路上也有個伴。

富翁有四個太太，其中最疼愛的是年輕貌美的四太太，富翁將她喚來：「平常我最愛你，送你最多珍珠、鑽戒，現在我將不久於人世，你就陪我一起走吧！」四太太一聽，花容失色地表示：「你生前愛我，我很感謝，但你死了就死了，我們夫妻一場，只不過是一段因緣，我可不想跟你一起走。」

於是，富翁就找來三太太，告訴她，自己平時待她不薄，不曾離棄過她，如今想要她陪葬。但三太太聽完富翁的請求，驚慌不已：「我還年輕，你死了，我可以改嫁，你就發發慈悲，找其他人吧！」富翁只得再找二太太。二太太說：「我沒有辦法陪你一起死，家裡大小的事都是我在打點，甚至你死了以後，我要替你張羅喪葬事宜。念在夫妻的情分上，我會親自送你到墳場。」

富翁被三個太太一一回絕，心裡很傷心，不得已，只好去找大老婆。富翁自知平日對大太太沒有半句關心，也從來沒有買什麼禮物送她，心想這麼冷落她，她可能不會答應。由於富翁實在害怕一個人孤零零地走，最後還是鼓起勇氣，小

心

聲地問：「我將不久於人世，你願意陪我一起走嗎？」

不料大老婆即刻回答說：「夫妻本是同林鳥，嫁雞隨雞，嫁狗隨狗，你死了我當然跟你一起走。」

四個太太的故事，隱喻的是我們人的一生。最鍾愛的四太太就是我們的身體，我們無時無刻不關心它的健康，讓它穿金戴玉，打扮光鮮，但是人死了，身體不能跟我們一起走；三太太，就是我們積聚的財產，平時悉心保護它，害怕被別人占有，只可惜在我們面臨死亡時，它也不會跟隨我們；二太太，代表的是我們的親戚朋友，偶爾往來，也給他們一些小惠，到了我們死的時候，他們也許來上個香，送我們一程，然後就各忙生計去了。

而大老婆是什麼？就是我們這顆心，平時最不關心它，但是直到生命的盡頭，這顆心卻始終與我們生死相隨，只是我們因為陷在五欲貪愛中，才會隨著妄心惡念，四處飄搖流浪。

有的人縱然得到全世界的財富，卻仍然找不到自己的真心。就像富翁活著時，糊里糊塗；死時，迷惑恐懼，色身、財富、妻妾一樣也帶不走，只有善業惡業會跟隨著自己，往來於天堂地獄。

金佛與木佛

有一個長工看到主人家的廳堂裡，供奉了一尊金佛，心中慨嘆自己貧窮，想要請一尊佛像，都沒有辦法。一天，他趁主人不在家時，悄悄地走到金佛前面禮拜。

但事有不巧，身為大員

外的主人剛好有事折返，一眼就瞧見長工正在禮拜那尊金佛，便拉起嗓門，厲聲責罵：「你有什麼資格拜我的金佛？」

長工不得已，只好在砍柴時，利用一根木柴，自己動手刻了一尊佛像，供奉在自己簡陋的住處，每天虔誠禮拜。不久，員外發覺長工家裡人來人往，門庭若市，一經查問，才知道大家都到他家裡拜佛。

「哼！他那尊木佛有什麼了不起，一副窮酸模樣！」員外非常地生氣與嫉妒，聲言要舉辦一場金佛與木佛的比鬥大會。初時，兩佛推擠，勢均力敵，真是「將遇良才，棋逢敵手！」但是過不了多久，金佛漸漸屈居下風，終至不敵木佛而倒地不起。

員外於是責怪金佛：「為什麼你連木製的佛像都不如呢？」

金佛說：「員外呀！你看那尊木佛，每天有多少的信徒，帶著供果前往上香禮拜，他接受了那麼多的香火，自然力氣充足；我雖然是尊金佛，但是你每天都沒有禮拜供養，我得不到營養，所以敵不過木佛，最後只有不支倒地了。」

金佛為什麼會沒有營養？這是因為大員外沒有信仰，沒有佛法，只見到外相，哪裡能見到真正的佛陀呢？佛陀不曾在他心裡面生根、發芽，更不用說在生活中開花、結果了。而那些窮苦的大眾，因為天天到長工家裡拜佛，木頭的佛像在他們心裡起了作用，他們藉著學習佛陀的慈悲、忍耐、智慧、善巧，慢慢地與佛靠近。佛陀給了他們心靈的養分，給了他們寶貴的法喜，他們也逐漸地認識了佛陀；佛陀不但住在長工的家裡，也住在他們的心裡、住在他們的一言一行裡。

勘破生死幽關

傳說，原本到世間投胎的人，閻羅王的判決是讓他可以享受三十年無憂的青春歲月；可是因為人的一念貪求，壽命雖然增加到六、七十歲，卻必須接受生活的考驗、情愛的煎熬、老病的折磨等等苦痛。

某天，閻羅王審判世間人的善惡：「趙大！你心地善良，熱心公益，判你投胎到世間為人，壽命三十年，享盡快樂的生活。」閻羅王說罷，趙大歡喜禮謝後，退到一旁。

閻羅王驚堂木一拍：「錢二！你不辨是非善惡，專營走私貪汙，侵占他人財物，判你投胎做三十年的牛，替人拉車、犁田，償還你的欠債。」錢二害怕要承受三十年做牛的辛苦，於是向閻羅王請求：「做牛很苦啊！我不要三十年那麼長，可不可以十五年就好？」閻羅王一聽，回說：「怎麼可以，剩下

的十五年怎麼辦？」這時，趙大跑向前央求：「閻羅王，剩下的十五年都給我吧！」閻羅王答應了趙大的請求。

閻羅王驚堂木又拍，說：「孫三！你在世間常常仗勢欺人、欺善怕惡，現在判你到陽間做一條狗，壽命三十年。」孫三連忙磕頭，說：「做狗好辛苦的，吃的是剩菜剩飯，住的是屋簷牆角，不論烈日當空還是淒風苦雨，都要看守門戶，一旦主人不高興，又得遭受拳打腳踢。三十年的生命實在太長了，我只要十五年就好。」「那另外十五年怎麼辦？」趙大聽了，又跑向前：「給我吧！給我吧！」閻羅王沒辦法，只好答應。

接著，閻羅王審判李四：「李四！你過去總是用計謀欺騙人，現在判你到人間做猴子，壽命三十年。」李四驚慌不已：「猴子在深山裡吃樹葉、水果，本來可以與世無爭，但人類總是手持獵槍、弓箭射殺我們，每天生活在恐懼裡，受怕擔憂，三十年太長了。」這時趙大又跑出來：「那十五年給我好了！」

趙大一一接受牛、狗、猴的十五年，從三十歲增加到七十多歲。他以為從此可以長命無憂，享受更多的快樂，卻不明白，三十歲以後就要過著像牛的日子，娶妻生子，為兒女做馬牛；四十五歲以後，開始過像狗的生活，孩子長大成人，各有事業和朋友，做父母的就像守門的狗；六十歲以後，就像深山裡的猴子，擔憂著老病接踵而來，還有死亡的恐懼，籠罩身心。

人的一生，必須經過牛的辛勞、狗的寂寞、猴的憂慮，要怎麼跨越如牛、如狗、如猴等生老病死的牢獄，從中昇華我們的身心世界呢？在《佛本行集經》卷四十四說：「若人壽命滿百年，愚痴心恆生散亂；有能智慧及禪定，一日活足勝彼長。」

百年為誰辛苦為誰忙？倘若庸碌生活，渾噩一生，是無法跨越生死牢獄的。如果懂得在有限的生命裡，以信仰為依歸，在心田裡引進禪定的淨水，自然能滅卻貪瞋痴的煩惱，以智慧的般若光，勘破生死幽闇，無礙無懼。

命運的問題

有許多人常想知道未來的命運，因此，以看相算命為樂的人，大有人在，也有的人為了消災改運，反倒破財失身，然而命運真的可以改造嗎？

如果以佛教「諸行無常」的真理來看，命運是有轉變的餘地，但是藉用祈求神祇、花錢改運的方式，那就不可倚賴了。就像是種田，平時不勤於鋤草施肥、引水灌溉，腳踏實地的開墾，即使向神明磕破了頭，到了秋天，還是不會有金黃飽滿的稻穗可以收成。

改變人一生命運的因素很多，像一段情的得失，一句話的冷暖，一件事的成敗，一本書的好壞，都有可能影響到我們的未來，乃至改變生命原本運行的軌道。

又如外在的緣，究竟是好是壞，其

實禍福難料，主要還是得回歸自己的心。當面對人間的利、衰、毀、譽、稱、譏、苦、樂等八風的吹襲，能否安然不動，甘之如飴？與其想著改造命運，不如先增加內在的定力和慧觀，就能為自己創造一個清涼無惱的心靈淨土。

當年我年少出家，心智未開，常常讓師長掛念前途，師兄因此批評我沒有出息。但是少年的我心裡想著，我有沒有出息，不是看現在，而是看二十年後、三十年後。就這樣一句「沒有出息」，更砥礪了我堅定佛法的正知見，孜孜不息做一個有用的出家人。

在命運的田地裡，你是想種植甜蜜芬芳的玫瑰，還是雜亂叢生的荊棘？每個人都有選擇的權利，就看你如何付出了。

一個旅人

人的一生不過數十寒載，短暫有限，然而有一句話說：「我們無法決定生命的長度，但是可以決定生命的深度。」佛經中就有一則故事，深刻

表達了生命的無常性，警策我們要積極地把握有限的歲月。

有一位旅人，走到一片空曠的荒郊野外，正在思考該往何處去時，忽然不遠處的森林，跑出了一頭大象，朝著他衝過來。這位旅人嚇得大驚失色，拔腿就逃，眼看大象快追上了，剛好前面有一口井，他趕緊攀著一條樹藤往井裡逃生。正要到達井底時，卻看到四條毒蛇向他吐著紅信，一時間，他上也不能，下也不能，進退兩難間，只得抓著樹藤吊在半空中。沒想到禍不單行，此時又來了一黑一白兩隻老鼠，囓咬他攀附的樹藤。

正在焦急恐懼的時候，井口飛來了五隻小蜜蜂，滴下五滴蜜，恰好掉在旅人口裡，一嘗到蜜的甜美，他竟然忘記了自己正處在生死邊緣的險境裡。

這則譬喻故事說明：在人生的路途上，我們就像是這位旅人，被象徵「無常」的大象，馬不停蹄地追趕著，不得已陷落在生死的深淵；好在有一條生命的樹藤可攀附，可是井底盤踞著會撕裂我們身心四大「地、水、火、風」的毒蛇，黑白二鼠則如同白天夜晚的輪替，日夜啃囓著我們的生命之藤；在存亡未卜之際，五隻小蜜蜂滴下代表世間五欲的五滴蜜，由於嘗到五欲的甜蜜，使我們渾然忘記了危險的處境。

想來我們的人生，真是在生死大海裡沉浮掙扎，非常艱險，就如《賓頭盧突羅闍為優陀延王說法經》說：「世間之人，身心勞苦，無歸依處，眾苦所逼，輕疾如電，是可憂愁，不應愛著。」世間的五欲六塵，雖然如蜜一般甜美，然而「今日不知明日事，一朝無常萬事休」，當無常一到，一切都如夢幻泡影，把捉不可得。唯有深明「萬般帶不去，唯有業隨身」的道理，把握今朝，勤於做好事、說好話、存好心，為自己累積生生世世的福德資糧才是重要。

人命在幾間？

《四十二章經》中有一段關於生命的問答。

佛陀對弟子們說：「現在我要問大家一個問題，你們可知道人的生命到底有多麼危脆無常？」

一個弟子回答說：「佛陀，人的生命不過百年之間。」

佛陀說：「你還不知道。」

一個弟子回答：「人命就在晝夜之間。今晚脫下襪和鞋，誰也無法肯定明天能否再穿上？」

又有一個弟子回答：「人命在飯食間。有的人在一餐飯之

間，死亡已走向他的身邊。」

佛陀仍然說：「你們還是不知道。」

佛陀再一次向弟子問：「人命究竟有多麼無常呢？」

「佛陀，人命在呼吸間。一口氣不來，生命就結束了。」

佛陀說：「善男子！你

才是與道相應的修行人，已懂得生命的意義。」

懂得觀照人命在呼吸間，才知道珍惜每一分鐘。當我們認識了死亡的如影相隨，會對世間的萬事重新認識，對生命有更深的體悟，就能逐漸從物質生活的追求昇華至精神生活的圓滿。時時繫念人命在呼吸間，在一吐一吸時，不妄想、不追悔，生命自能如佛所說：「不悲過去，不貪未來，心繫當下，由此安詳。」

人命的無常，如水上泡，稍縱即逝，若不懂得及時把握，等到死魔叩門時，就萬事皆休了。無常的示現，不是要我們消極面對，反而是讓我們警誡生命的無常，深切明白生命之危脆，及早發揮生命的能量。

什麼最苦？

有一天，在一個風和日麗的下午，森林裡的一群動物，有兔子、烏鴉、小鹿、斑鳩等飛禽走獸，彼此議論著什麼最苦？

首先，兔子發表意見說：「肚子餓最苦。」

烏鴉接著說：「沒水喝最苦。」

小鹿則說：「天氣熱很苦。」

斑鳩反駁：「天氣冷才叫苦呢！」

最後，大象站出來說：「你們所說的，都不是最究竟的苦。天下之苦，莫過於有身，我們正是因為有了這個身體的緣故，

為吾有身

才會招致一切苦的感受。」

一切苦的來源，都是因為有了這個身體，所以才有生、老、病、死等生理上的痛苦，以及貪欲、瞋恨、嫉妒、愛別離、怨憎會、求不得等心理上的痛苦。人的身體，實在是眾苦所積聚而成，因此老子才會說：「吾所以有大患者，為吾有身，及吾無身，吾有何患？」

既然有身體很苦，有人或許會説，那麼我們是否將身體捨棄，甚至自殺呢？倒也不然，只要懂得善用身體來修行，將我們內心裡的貪欲、瞋恨、愚痴、邪見，轉為喜捨、慈悲、般若、正見，努力修養身心，隨時觀照念頭，轉惡念為善念，生活中待人慈悲，發心奉獻，為人服務，就能由苦轉樂，進而身心自在，歡喜安樂。

天眼第一

阿那律尊者為佛陀的十大弟子之一，也是佛陀的堂弟。佛陀成道後，回到故鄉弘化，阿那律便和跋提、阿難等七位王子，一起跟隨佛陀出家學道。

有一天，佛陀在講經

說法時，看到阿那律在打瞌睡，便說了一首偈語喝斥他：「咄咄汝好睡，螺螄蚌蛤類，一睡一千年，不聞佛名字。」

佛陀接著問他：「阿那律，你出家學道，是因為畏懼王法、害怕盜賊嗎？」

「不是的，是為了解脫生老病死之苦。」

「你既然道心堅固，為什麼會在聽法時睡著了呢？」

「世尊，請您原諒弟子的懈怠！從今以後，我願盡形壽，精進修持！」阿那律真誠地合掌懺悔著。

從此，阿那律更加精進地修行，甚至終日不曾闔眼。佛陀對此非常掛念，於是勸慰他：「眾生都需要以食維生；眼以眠為食，耳以聲為食，鼻以香為食……就算想證得涅槃，也需要飲食啊！」

「世尊，弟子的眼睛沒有關係。但是涅槃以何為食呢？」

「以不放逸為食！但未達涅槃境界之前，還是需要適量睡眠的。」

然而，阿那律仍然堅持自己的立願，勇猛精進修行，分毫不懈怠，長久下來，他的眼睛終於瞎了。

阿那律失明後，生活上造成許多不方便，慈悲的佛陀不但為他縫製三衣，還教他修習金剛照明三昧。阿那律依照佛陀的教導修學，不久即證得天眼通，人稱「天眼第一」。

常人貪慕輕安，講究享受，對修道就不能發勇猛精進心；如果過於勇猛，也無法得力。唯有行於中道，把心放在平和安寧當中，念念覺知正見，便能參出一點消息了。

小狗也會說話

話說有一戶人家，生性懶惰，每日的家事，媽媽不做就叫爸爸做，爸爸也懶惰不願意做，就叫兒女做，兒女貪玩不肯做，就叫小狗做。小狗不得辦法，只好挑起大梁，打理家務。牠用尾巴掃地，用身體抹桌椅，甚至用嘴啣水管澆花草，把家整理得潔淨雅觀。

一天，客人登門拜訪，見到小狗在做家事，不禁詫異萬分：「哇！這麼能幹，連小狗也會做家事呀！」

小狗無奈地搖搖頭，說：「沒有辦法，他們都不做，我只好承擔起來。」

客人一聽，大吃一驚：

「小狗也會說話！」

小狗趕快對客人示意：

「噓！不要讓他們知道我會說話，否則他們還會要我接電話呢！」

懶惰之害，透過誇張的寓言故事表現，極具意味。

人生當中，舉凡就業工

作、讀書學習、立身修道等等，「精進力」都是一項不可或缺的要素。想想，如果只知一味訂定計畫，實行時卻是三天打魚，兩天晒網，不具精進力，永遠也只是原地踏步罷了。因此《大智度論》舉出：「懈怠法，破在家人財利、福利，破出家人生天樂、涅槃樂。」可見懈怠之害，害人匪淺。

《大乘理趣六波羅蜜多經》說：「世間諸果實，皆由精進生。」《左傳》則言：「民生在勤，勤則不匱。」韓愈在《進學解》中也說：「業精於勤，荒於嬉。」古德先賢留存的智慧法語，無一不在告訴我們：精進則無事不辦！因此，一件事要能辦成，理想要能實現，就必須勤於實踐，用功精進。

多了一個死人

過去有戶大富人家，晚年得子，真是歡喜若狂，賓客都盈門前來祝賀。有位禪師也接受了禮請，然而禪師不但沒有慶生的喜悅，反而還號啕大哭。

員外大惑不解，問他：「禪師，你為什麼如此哀慟呢？」

禪師憂戚滿面地回答說：「我悲傷你家裡多了一個死人！」

禪師的這一句話，十分耐人尋味。人，生之可喜，死之可悲，喜獲麟兒當然要歡喜慶祝，為什麼要哭呢？那是因為禪師明白生死一如，生是死的延續，死是生的轉換。有生必定

有死，不必等到死時才悲傷，生死不息地輪轉，便足以令人可悲可嘆。禪師透視生死的輪迴無盡，因此感慨員外家又多了一個死人。

從佛教的觀點來看生死，身體即使朽壞了，但生命是不會死的。就如茶杯裡的茶水，縱然茶杯破了不能復原，可是茶水流到桌上、地上，用抹布、拖把擦拭起來，這些留在抹布、拖把上的茶水，依然不會消失。所以，我們的身體雖然死亡，但生命之水卻是不滅的。

眾生由於無明不覺，多生以來，在天上、人間、修羅、地獄、餓鬼、畜生等六道輪迴，憂悲苦惱不已。覺悟者卻能超越時空，體認到：生也未嘗可喜，因為生了要死；死也未嘗可悲，因為死後又會再生，與其怖畏死，貪著生，沉浮於憂喜之中，倒不如勘破生死之迷，證悟不生不死的清淨法身，一如「菩薩清涼月，常遊畢竟空」，了無掛礙。

木魚的故事

佛教寺院裡，出家僧眾早晚誦經都會敲木魚，為什麼要敲打木魚呢？這有一段寓意深長的典故。

我們看，無論白晝黑夜，魚的雙眼都是炯炯有神、不曾閉上的，佛教以此象徵出家人行道的勇猛精進。當敲

打木魚或看到木魚時，應深觀魚的精進力，效法魚的精神，藉以勉勵人生要常行精進。在佛經裡，有菩薩的名號為「不休息菩薩」、「常精進菩薩」，意在鼓勵修道人不可懈怠、懶散，應當精進辦道。當然適量的休息也是精進，所謂「休息，是為了走更長遠的路」，不休息就沒有力氣辦道了。

何謂精進？「精」是不雜，「進」是不退，佛教以三十七道品中的「四正勤」，作為精進的修持，努力斷除惡法，修持善法。此四正勤為：

一、已生惡，令斷除：已生起的惡念，要讓它停息，不再妄動。

二、未生惡，令不起：未起的惡念，令不生起。

三、已生善，令增長：已生起的善念，要如鑽木取火，持續地發揚光大。

四、未生善，令生起：未起的善念，要用心培養。

有一句偈語這麼說：「修行如駕上灘舟，暫歇篙時便下流；若不從茲勤努力，何時撐得到灘頭？」修行就如「駕上灘舟」，不進則退，為學工作亦如是；學子讀書要精進，學問自能累積至博大；工作也必須努力精進，就能創出好成績。

俗話說，即使黃金隨著潮水流來，你也要起早，才有機會將黃金撈起來，要知道，成功的錦旗，總是奮勇不懈者才能奪標。

佛教裡有所謂的「流水木魚」之說，是因為誦經念佛的木魚聲，正如潺潺流水般，川流不息，給人一種精進不懈的感受，人生也要這樣精進不息，才能有所成就。

水泡花鬘

有一個國王老年得女，真是視若掌上明珠，百般地疼愛。這位小公主美麗非常，也歡喜向國王撒嬌，不時提出許多無理的要求，而國王都毫不猶豫地滿足小公主的願望。

某天，一場小雨剛剛下過，在花園裡遊玩的小公主，無意間看到池面的水泡映著天光，閃耀著眩人的光彩。她被水泡的華美給迷惑了，於是向國王表示，身上的珍珠項鍊不比水泡花鬘漂亮，要求國王給她一條水泡製成的花鬘。

可是世間哪有水泡花鬘呢？無論國王怎麼向公主說明，公主仍執意要得到水泡花鬘，還大發脾氣說：「如果找不到美麗的水泡花鬘，我就永遠不吃飯。」

國王明知小公主驕蠻無理，但是一想到絕食的小公主性命恐怕不保，心裡著急得不得了，只好召來全國的工匠、藝術家，希望他們幫忙想個辦法，撈起水泡，串成一條花鬘。所有的工匠、藝術家一致搖頭，異口同聲地說：「水泡怎麼可能做成花鬘呢？」「簡直是天方夜譚。」大家你一言我一語，直說不可能。其中，有個老工匠站出來說：「尊敬的國王！我有辦法把水泡做成花鬘。」

國王滿心期待地找來小公主，小公主眼睛發亮，問：「老公公，您真的能替我做一串水泡花鬘？」

老工匠微笑回答：「現在我們一起到水池邊，去做一條美麗的花鬘。」

皇宮的花園水池旁，擠滿了朝中的大臣們與上萬的工匠，每個人都在忖測，要看看這個老工匠到底在玩什麼把戲！

老工匠對小公主說：「公主，水面的泡泡很美，但是我不知道公主喜歡的花鬘是什麼式樣？請公主把水泡撈起來給我，我來串成花鬘。」小公主接連抓了許多水裡的泡泡，然而任憑她怎麼緊抓，水泡還是從她的指縫裡消失。當夕陽的餘暉照到水面時，小公主終於有所體悟，知曉水上的泡沫是抓撈不住的。

小公主最初寧可捨命，也要苦苦追逐夢幻泡影，思惟吾人

生生世世以來，又何嘗比故事中的小公主聰明幾分？誠如法眼文益禪師以花告誡世人的詩：「豔冶隨朝露，馨香逐晚風，何須待零落，然後始知空？」一旦了知世間有為法的無常虛妄，便能見到內心原有一塘碧水連天的無限遼闊，不再貪著永無饜足的外在物欲。

當我們迷於眼耳等六根追逐虛幻的假相，不就如李白的醉撈水中月，以為是實有，終究只是虛幻一場，何時才有寧靜滿足？凡是會令我們生起貪戀，讓身心不得自由的，都不過是鏡花水月罷了。

老鼠偷酥油

昔日，有一個長者從事販賣酥油的事業。他習慣將製作好的酥油貯放在高樓上，某次他取了酥油，卻沒有將蓋子拴緊，引得老鼠溜進酥油瓶裡偷吃酥油。貪吃的老鼠晝夜大快朵頤，數日後，身體倍數增胖，出不了酥油瓶，最後死在瓶內。有一天，長者為顧客上樓取酥油時，才發現瓶內的老鼠骸骨。

他自忖：應該是老鼠溜進瓶內偷吃酥油，放縱貪心不知節制，因口腹之欲而賠上性命，可見放逸多所過患，確實是真實不虛的道理！

放眼人間，也有很多偷吃酥油的小老鼠，一味縱容自己的習氣，只圖安逸懶惰，反而使自己禁錮在酥油瓶內。一旦酥油吃完了，就是大禍臨頭時。

生存在世間，最怕把自己養成一隻「胖鼠」，只局限在一個小框框裡，自我陶醉，最後就身陷困境，再也走不出去了。不只交友結緣走不出去，創業做事走不出去，為學研究也走不出去，最終只有被「酥油」滅頂了。

透過擴大自我，可以昇華人生的意義，只要我們捨得放下安逸的「酥油」走出去。不論是服務群生、實踐理想，或者與人往來互動，閱盡人間萬事，都能讓個己與眾生的生命融和在一起，將為己之心與為眾生之心結合在一起，就能活出生命的真義。何必只安於偷吃一瓶酥油呢？

去蕪存菁

有一個年輕的修行人，雖然每天很精進地打坐，可是仍然妄念紛飛，欲望如瀑布般流瀉不止。他感到十分沮喪，因此向師父請教，要如何控制如猿馬跳躍的狂心？

師父聽完他的煩惱，並沒有宣說什麼高深的道理，只是要他到市場去買鳳梨。年輕人提著鳳梨回來，師父問他：「你為什麼買這些鳳梨呢？」「買來吃啊！」「你連皮也吃嗎？」「當然不吃皮，只吃果肉！」

師父忽然大聲一吼：「你這個笨蛋，既然不吃皮，為什麼又要買鳳梨呢？」弟子啞口無語，彷彿悟到了什麼，就像跌進黑井裡，忽然摸索到了一條繩子。

喝了一口茶，師父悠悠地說：「修行離不開欲望，就像清淨香潔的蓮花，又怎能捨棄生長的濁泥呢？如果沒有欲望，我們就不須修行，就像你買來吃的鳳梨，難道你會連粗糙的

硬殼也一起吞下嗎？」

他接著又說：「那又為什麼需要鳳梨的外皮呢？因為它的用途是包裹鳳梨，我們吃過鳳梨，自會把皮扔掉。修行也是如此，不是為了外面這層粗糙的皮呀！只不過現在還不是丟掉皮的時候！」

欲望妄想就像鳳梨的硬殼，想要品嘗鳳梨的甜美滋味，必然先有粗糙硬殼的存在，只要我們能夠以智慧去蕪存菁，就能享受到果實的甘甜。

許多人希望幸福唾手可得，卻不願承受生命的霜雪；許多人夢想快樂近在眉睫，卻一再逃避人間的磨練，其實這都是一體之兩面，如果沒有黑暗，又何來光明呢？就好比開悟並不難，因為我們的心是凡聖同居，淨穢一如，成聖成賢都在於這一顆心。只要在煩惱泥沼裡，先播下蓮種，他日必能有清淨的出泥紅蓮。

四等馬與四等人

曾經，佛陀遇到一群養馬人，養馬人告訴佛陀：「世間有四種馬：上等馬，能與駕馭者心意相應，只要揚起馬鞭，就會風馳電掣地向前跑；第二等馬，只要吆喝一聲，就知道要加快腳步奔馳；第三等馬，必須騎馬的人用力鞭策，才知警覺快行；第四等馬非常駑鈍，即使狠狠抽打，也不肯往前奔跑。」

佛陀也告訴養馬人：「世間也有四等人：上等人，目睹世間無常，就知道人命在呼吸間，而警惕自己精進辦道；第二

上

等人，必須遇到挫折打擊，親友離散，深受人事無常之苦，才知及時修行，趕快學道；第三等人，必須經過大苦大難的鍾鍊，才警覺修行的重要；第四等人，縱使撒手人寰，也無法覺悟，只能抱著長恨永眠於枯墳黃土中。」

從佛陀與養馬人的這一段對話，我們應該以此來自覺自悟：自己究竟屬於何等根性？有沒有在生活中如實觀照自己？是不是把握了珍貴的人身，能否在有限的生命裡，顯露出自性的光彩？

每個人的一生，各有不同。有的人選擇為國家、為大眾服務奉獻，有的則經商牟利，也有的人安分守己，本分度日，甚至也有貪圖妄求，渾噩度日的人。要怎麼過活，完全在於自己的抉擇，總之千萬別讓自己在行將就木之時，才來懊悔這一生遺憾虛度，切記精進須及時啊！

立刻長大

在印度古國，有一位國王由於膝下無兒無女，便天天虔誠地祈禱菩薩賜子，終於在老邁之年，妃子生下一個可愛的公主。國王看到襁褓裡的小嬰兒，擔心自己年紀老邁，等不到公主長大。

為了在有生之年能看到小公主亭亭玉立的模樣，於是召集全國醫生，要他們開出特效藥，讓公主「立刻長大」。萬千醫生都束手無策，直說：「天底下哪裡有這種藥草啊！」眼

看一群無用的醫生都提不出一個辦法，國王立刻下令：「三天內交出藥方，否則殺頭！」

聽到如此嚴厲的命令，眾醫生都慌了，個個絞盡腦汁、枯腸遍搜，翻醫書、入深山，還是想不出、找不到有什麼特效藥。到了第三天，大家驚懼地齊聚皇宮，等候國王下令。這時，有一個醫生自告奮勇地表示，有辦法讓公主立刻長大。

「快說！你有什麼方法？」國王從寶座上，急急趨向這位醫生的面前。

「在某個深山裡，出產一種能『立刻長大』的仙藥，我要到那裡去採藥草，回來給公主服用。可是在這段期間，任何人都不能和公主見面，否則仙藥就會失效。」

國王立即答應了這位醫生的要求。

「你趕快去吧！」國王拿了一筆錢當路費，醫生就此雲遊採藥去了。

十二年的時間，公主被鎖在深宮內院，不得見人，一直等到醫生採藥回來，把藥草給公主服用過後，他才向國王報告：「現在，您的公主長大了。」

國王一看，驚歎醫生的醫術高明，他的小公主真的變成亭亭玉立的美人。

國王的愚痴行徑固然可笑，反觀吾人，在佛法的修學上，一味急於即身成佛，要求當生開悟，不也如故事裡的主人翁一般？這個世間沒有速成的事，不論是學問、技術，尚且需要日積月累的磨鍊，十載寒窗的苦讀，方能生處轉熟，更何況是行六度萬行的佛菩薩道業呢？

世上沒有立刻長大的藥草，修行也沒有立刻盡除業障、直超佛地的法門，而在於眾生根機的利鈍之別，因此，貪求快速只是與道相違。誠如當年佛陀教化世人，以恆河聖水是無法洗滌個人的罪業的，唯有修習戒、定、慧三學，才能去除貪瞋痴的無明，截斷惑、業、苦的輪迴。

現代家庭

曾經在報紙上看過一則漫畫，漫畫裡敘述一個家庭，平時先生出門，太太都會仔細問明去向？今天做了什麼？錢用到哪裡去了？為此，先生大感不滿。

有一天，先生下班回家，在身上掛了一塊牌子，上面寫著三個字：「別問我。」太太一打開門，就看到先生掛的牌子：「別問我。」

太太也早有預備，即刻轉過身來，原來她的背後，也背了一塊牌子，上面寫了三個字：「別煩我。」意思是告訴丈夫，不要找我麻煩，那麼我也不問你，你也不要跟我講什麼。

先生進到房子裡面，女管家也趕緊豎起一塊牌子，上面寫了三個字：「別叫我。」就是不要叫我做事的意思。沒想到，在客廳看電視的小兒子，一看到爸爸，也立刻弄了一塊牌子，豎起來給爸爸

看，上頭寫著：「別揍我。」

一個家庭，夫妻、兒女、主雇之間成了這般景況，還有什麼幸福快樂可言呢？丈夫不像丈夫，妻子不像妻子，父母不像父母，兒女不像兒女，主管不像主管，傭僕不像傭僕，可以說失去了固有的倫理觀念，這是現代家庭的危機。

為人丈夫者，對於家庭要盡責照護，為人妻子者，對於家庭要施予愛心，家中成員要製造歡樂。儒家的「修身、齊家、治國、平天下」，早就彰顯了家庭的重要，家齊而後才能國治。因此，父慈子孝、兄友弟恭、夫唱婦隨等傳統倫理關係，仍然是現代家庭應當學習的重要課程。

要看未來的希望

當年，我在高雄縣開創佛光山，當時有許多的徒眾跟著我開天闢地，創造佛光山的歷史。其中，有的人默默耕耘，不計勞苦；也有少數人沾沾自喜，覺得自己的付出很了不起。

曾經有人問我：「佛光山的人眾日益增多，道場也擴展到五大洲，對此，您有何感想呢？」我淡然回答：「我沒有看到自己的擁有，只看到未來的希望。」

那時候，每當我建起一座平臺，就想到如果信徒來山，可以在這平臺上散步；鋪上一條道路，就覺得信徒走在路上能

感到舒適；建好一座涼亭，心想往後信徒皆能在涼亭裡休憩、納涼；蓋了一棟房子，便想著如何讓這棟房子為信徒所用。所以，佛光山一切的建設，可以說都是為信徒、為大眾的考量而建成，從不考慮個人、私己的享受。

尤其，現代人歡喜參禪打坐，因此，佛光山建有八間禪堂，讓有心人士都有個參禪修行的場所。假如禪堂只是為我個人而設立，又哪裡會需要建到八間呢？此外，佛光山的會客室，也超過三十間之多，事實上哪有這麼多客人需要會見呢？只因信徒皆是佛祖的客人，需要有休息的地方。我還另行闢有幾十間會議室，除了開會之用，也是為了有事來山信徒，能有地方可以商談。

一直以來，佛光山都是以「給人信心、給人歡喜、給人希望、給人方便」的理念在弘法度眾。

佛光山是有未來性、有希望力的道場，在此弘法的僧眾，無不抱持著「但願眾生得離苦，不為自己求安樂」之心，念念為佛教興盛、念念為眾生安樂而奉獻，更期盼人人都能為心靈淨化，社會安定而共同努力！

愚人喝水

有一群人外出旅行，由於一路都豔陽高照，酷熱的天氣讓他們口乾舌燥，其中一人忍不住直喊著：「好渴啊！好渴啊！」同行的人安慰他：「你先忍一忍，待會兒遇到湖泊、溪流時，就有水喝了。」

果然，走沒多久，湖泊便出現在路的盡頭，大家紛紛亡命似地向前奔去。

只見一群旅人在湖泊邊大口大口地喝水，好不過癮，可是剛剛喊口渴的旅人，卻呆坐在湖泊前，沒有動作，等到大家都喝飽時，才發現他已經奄奄一息，快要渴死了。

同行的人問他：「這麼大的湖泊就在眼前，你怎麼不去喝水呢？」

這個旅人用著微弱的聲音說：「湖水那麼多，我怎麼喝得了？我喝不了啦！」

其實，湖泊的水雖多，只要飲一瓢水就得以止

渴，這個旅人卻因懼怕湖泊之大而放棄飲用，真是愚人喝水，愚不可及啊！

「大海之水，我只取一瓢飲」，只要一瓢，便知大海之鹹味，何須飲盡。就如佛法大海，只要一滴甘露法水得以受用，便能自在解脫。然而修學菩薩道，應該抱持著不怕多、不懼難的勇氣，縱然「眾生無邊誓願度，煩惱無盡誓願斷，法門無量誓願學，佛道無上誓願成」，要有大願力與大勇氣，勇往直前。

古人說「登高必自卑，行遠必自邇」，佛法雖有八萬四千法門，只要由淺入深，循序漸進，不必急於一時；切莫只是呆望著無垠湖泊，不知從何飲用，反而成了渴死湖邊的愚昧人。

佛陀的生日禮物

有一天，佛陀的弟子們商討著，再過幾天就是佛誕日，要以什麼方法表達心中的敬意呢？有人提議寫讚詩獻給佛陀，有人想把信徒供養的上等袈裟作為禮物，有人想以歌聲讚頌佛陀的恩德。大家無不絞盡腦汁，希望能給佛陀驚喜。

佛陀看弟子三五成群聚在一起，竊竊私語，連坐禪也漫不經心，於是告訴阿難，乞食完畢後，召集比丘到講堂集合。佛陀環視滿座比丘，慈悲垂詢：「你們為何心神不寧？禪坐經行也散漫掉舉，是什麼干擾了你們寧靜的心？」

弟子們默然不語，佛陀便對弟子說：「你們既然不肯說出原因，那就是我教化無能，應當自我處罰，七日內，我水米不進，不離此座。」弟子們聽到佛陀要七日絕食，只好說出事情的始末。

佛陀嘆了一口氣說：「佛遍一切處，只要聽聞他的一句一偈，就是佛的化身。你們用讚詩、歌詠、上好袈裟，來慶祝佛的生日，都不足以報佛恩德。

即使將佛所教導的言語抄寫於竹帛，也不能報億萬分之一的恩惠；以一切音樂之具，累世歌讚詠歎佛，尚不能報佛恩於萬一。甚至世間的珍玩寶貝，飲食珍饈，都不能真正報答佛恩。

真正報佛恩者，是對於佛所說的法，生起恭敬愛重之心，以戒為師，依法安住，發勝上心，慈愍有情，這樣才是真正報佛恩啊！」

佛陀的法，能將我們從熱惱引向清涼，從煎熬引向解脫，從貪戀引向喜捨，從啼哭引向安樂，佛是引度我們走出生命迷津的人。我們也要發心，讓自己成為一盞燈，給夜行的人指引方向；成為一艘船，給苦海中人登上彼岸；給人一句話，讓軟弱的人重燃生機，這都是報答佛陀很好的禮物。

何日君再來？

佛光山的山門，在我題寫了「佛光普照三千界，法水長流五大洲」的楹聯之後，有人建議，牌樓後面可以再提一副楹聯，讓信徒遊客離開寺院、走出山門口時，多一個思考的因緣。於是，我又再寫下一副對聯，上聯是「問一聲汝今哪裏去」，下聯對應「望三思何日君再來」，橫批是「回頭是岸」。

何日君再來，是紅極一時的歌壇天后鄧麗君小姐，所唱紅的一首歌。一九九五年，鄧麗君小姐去世後，世人也用這一句話紀念她，緬懷她，何日君再來？

「問一聲汝今哪裏去，望三思何日君再來」，這一副對聯也可以作為每一個人自我反省的話頭。比方說，在每天早晨出門之前，問自己一聲：汝今何處去？在紛紛擾擾的塵世，汲汲營營的生活之餘，有時也停下來想一想：何日君再來？在是非善惡的邊緣徘徊時，不妨告訴自己：回頭是岸啊！

人生就是一場又一場的「來去」，花開花落，來來去去；人聚人散，來來去去；呼氣吸氣，來來去去；上班下班，來來去去；出生死亡，來來去去……在這些來去之間，我們都有足夠的把握嗎？

譬如，從早上出門到晚上回家，有把握住每一分鐘嗎？夜幕低垂，閉上眼睛時，有把握心安理得地入眠嗎？每天不忘平心自問：生命所有的來去，我是否能夠掌握？是否能夠自在灑脫？又是否清楚自己該往何處去，又從哪裡來？

人生若能這麼一次又一次的叩問，就會珍惜當下，愈來愈清楚自己該做什麼，該過什麼樣的生活。

乘公車記

在臺灣居住的民眾，大多有乘坐公共汽車的經驗。早期不時有人批評，車掌小姐的晚娘面孔，言語嚴厲；司機先生無人情味，態度不善，無不讓乘客坐得膽顫心驚，因此，對公車的服務品質多有意見，批評的聲浪也此起彼落。

這幾年來，臺灣各地公車的服務水準，已有相當的進步，但相較於日本，仍有許多進步的空間，就拿我在日本搭乘公共汽車的經驗來說：

記得那時，剛抵達東京火車站，我們趕著到某地赴約，急急忙忙上了一輛公車，司機問明我們去的地方以後，說道：

「這輛車子不到那兒，你們必須拐個彎……」

我們初到日本，人生地不熟，要我們繞幾個彎，走幾條街，說來是有些困難，但也不好意思說什麼，只得道謝下車。司機先生大概看我們一臉難色，竟然對著全車的人說：「抱歉！我必須帶這幾位外國朋友到另一個地方搭車，請各位等一等。」

說罷，就抽出鑰匙，跳下公車，領著我們走了五分鐘的路，到另外一個車站。

幾年以後，我再度赴日弘法，一位年輕的日本人一看到我，就親切地打招呼，說道：「您可能不認識我，但是我認識您，記得嗎？數年前，一位司機曾經停下公車，專門為您帶路，我就是那輛車子裡的乘客。」

「啊！真是對不起！讓大家為我久等。」我赧然以對。

「不！千萬不要這麼說，敝國深受佛教文化影響，佛法裡所說的隨喜結緣，我們都落實在生活上。您可知道，當司機再度上車時，全車的人都報以熱烈的掌聲呢！」

日本人的友善，還有服務的精神，令人難以忘懷。他們將「助人為快樂之本」的理念，化作自身的血肉，對待所有與其有緣的眾生，自然而毫不造作。從他們以助人為樂的風範中，也讓我們明白，生命原來可以如此充實、豐富。

同歸於盡

有些人很要不得，存有一種「同歸於盡」的心理，因為自己的能力不足，就希望別人也沒出息、沒發展。所以，對於讀書進修，他們說，會讀書能有什麼用處；學習語文技能，又譏諷說，學會外語、技能有什麼了不起；做事勤奮努力，卻又調侃，哎呀！光會做事能如何，又沒官做，更沒地位。舉凡一切想法和行動，他們就是看不起。

這種人既沒有隨喜讚歎的修養，又容不下好人好事。看人建造大樓，他們冷言以對，不過是一棟大樓；建造一座公園，又認為，建公園對社會貢獻何在？即使天下好事做盡，也無法獲得他們些許的認同。

這種人自己沒作為、無建樹，自身不能擔當、不能勝任，心裡更不歡喜別人能做、肯做。看到有人修橋鋪路、做善事，不是心生嫉妒，就是歧視、批評，還弄得自心烏煙瘴氣。

我們可曾捫心自問，自己是不是也存有這種「同歸於盡」的心理，凡事都說別人不好、別人不對，不甘願表揚好事，不懂得讚許別人的優點呢？

要導正這種心理，就要從學習「欣賞」開始。以欣賞一幅畫、一首歌、一幅美景的心情，去欣賞別人，欣賞每一件事物物。例如欣賞朋友的穿著，欣賞同事的處事，欣賞老師的教學等等，這種「欣賞」的訓練，可以培養出我們藝術的眼光與包容的心胸。

懂得欣賞，就能發自內心讚美他人；能夠讚美，便能虛心學習他人的優點，充實自己的能力；一旦能力具足了，就會生起自信；有了自信就能有作為，大有作為後，自然就不會心存「同歸於盡」的心理了。

想想，大家能夠共生共存，不要「同歸於盡」，這樣的人生不是很美滿嗎？

那是我的父親

三十多年前，有一個護專畢業的小姐，發心在佛光山出家。出家後也發揮所學，參與雲水醫院，送醫療到偏遠地區。有一天，他對我說：「父親有病在身，兄弟姐妹都已成家立業，沒有人能夠照顧，是否能讓父親住到佛光精舍療

養，由我就近照顧。」我也滿他所願，讓他一盡做兒女的孝心。

時光飛快，三十多年過去，他數十年如一日，親自照料父親的生活，大小便溺、飲食三餐、房間整理，無一不作。曾經，有人感動於他對父親的孝心，自願發心幫忙，他卻說：「他是我的爸爸，讓我親自來完成應盡的孝養吧！」

過去佛陀也曾為父親淨飯王抬棺，為母親到忉利天說法；目犍連的地獄救母；明朝寶藏大師的扁擔荷母、四方參學等等，可見佛教是講究孝道的。

在佛經中也常提到孝親功德，如《法苑珠林》載《睒子經》云：「使我疾成無上正真道者，皆由孝德也。」《尸迦羅越六方禮經》談到五事孝親：「一者當念治生；二者早起敕令奴婢，時作飯食；三者不益父母憂；四者當念父母恩；五者父母疾病，當恐懼，求醫治之。」《四十二章經》：「凡人事天地鬼神，不如孝其親矣，二親最神也。」更有經載：「世若無佛，善事父母，事父母者，即是事佛。」

蓮池大師更將孝分為三種層次：一般的甘脂奉養，使父母免於飢寒，只是小孝；功成名就，光宗耀祖，使父母光彩愉悅，是為中孝；引導父母趨向正信，遠離煩惱惡道，了生脫死，使宗親得度，永斷三途輪轉之苦，才是上上大孝。

中國人本是個非常重視倫理孝道的民族，卻也有「久病床前無孝子」的實例，在流行復古的今日社會，我們是否也能將傳統的倫理觀念「復古」，讓天下父母皆能歡悅頤養天年，學佛者都能接引父母學佛，領受佛法甘露。

信徒求壽

某些信徒，對於所信仰的宗教教主，都有所期望與要求，例如祈求功名富貴、消災免難、增福延壽、金榜題名等。

有一個佛教徒在慶祝六十歲大壽時，找了一位法師替他誦經，祈福延壽。誦完經

以後要祈願祝禱了，法師就問他：「你要我替你求多少的高壽呢？」

信徒不好意思地說：「能替我求二十年，活到八十歲嗎？」

法師回答：「你現在已經六十歲了，再求個二十年，光陰似箭，一晃即逝，你不覺得太少嗎？」

信徒一聽，精神來了：「難道可以再增加嗎？那您替我求四十年好了，活到一百歲。」

「哎！你都六十歲了，再求個四十年，也是很快就過去了。」

信徒心裡想，難道要求一百二十歲嗎？不過六十年也是很快呀！「請問師父，我究竟能求多少歲呢？」

「你應該要求『無量壽』，不死的生命！」

我們光只是求肉體的無量壽，這不是最究竟的。因為活到一百二十歲，老態龍鍾，耳聾眼盲，氣力衰弱，齒搖牙動，食不知味，有什麼意思呢？況且到那時候，一百歲的兒子死了，八十歲的孫子也死了，白髮人送黑髮人，豈不傷痛，活著也沒有意味。

人的肉身屬於物質體，有生老病死，遲早會成住壞空。因此，求壽當求「無量壽」，找尋永恆不死的法身慧命，真心本性。像阿彌陀佛又稱「無量壽佛」，意思就是不受時間限制，也稱「無量光佛」，不受空間限制，我們要發願像阿彌陀佛一樣超越時空，求取無量壽。

涅槃，也是圓滿、永恆的生命，同樣超越了時間和空間，就不會在生死中流轉。所謂「涅槃第一樂，知足第一富，無病第一貴，善友第一親」，希望大家可以在行善、修持中，求到法身慧命的無量壽，體悟到生命最究竟、最圓滿的境界。

這裡就是地獄

話說有一個年輕人，平生不喜歡行善，不肯與人結緣，個性懶惰懈怠，卻妄想能夠不勞而獲，坐享萬貫財富。後來，他死了以後，地獄裡的獄卒將他到帶一個不知名的地方，那裡有山有水，有庭園有房子，有吃有喝，設備一應俱全。

這個年輕人看到這一切，心中暗自竊喜：「哎呀！死了以後多好，這裡像天堂一樣，真是太好了！」於是，他要求獄卒同意他住下來，獄卒不但首肯，還對他說：「這一間房子是你的，整個山水花園、所有的用品器具，全都是你的。」

一下子得到那麼多的意外之喜，他覺得像是一場夢。獄卒又說了：「你放心地住在這裡，這裡沒有什麼事情要做，你每天儘管睡覺休息，不必工作。」他真是意想不到，竟然到了幸福的天堂了。

安頓下來之後，每天看看花草樹林，或池中七彩的錦鯉，日子倒也十分愜意。一天、二天、三天，一個月、二個月、三個月，一年、二年、三年，眼前的山水他終於看得生煩了，生活雖然舒適，卻找不到有人和他說說話；尤其沒有同伴的意見思想交流，他開始感到精神上的苦悶。慢慢地，坐也不是，睡也不是，行走也不得趣味，他被困在這裡面，心不能安，實在不能忍耐這種枯燥無味的生活。

於是，他就把獄卒找來，問道：「你怎麼可以把我帶來住在這樣的地方呢？這裡簡直像地獄一樣啊！」獄卒淡淡地答道：「你以為這是哪裡？這裡本來就是地獄。」

什麼是天堂？什麼是地獄？沒有工作的成長，沒有人際的交流，沒有勞動的服務，沒有神聖的奉獻，孤獨就是黑暗枯寂的地獄所在。

就職第一課

有家公司剛聘任了一位祕書。

某天，公司來了一位想謀職的人，新任祕書隨即將此人帶到總經理辦公室，以待面試。總經理與這位求職者談了一陣子，便請祕書把客人送走。等

祕書送走客人之後，總經理就問新來的祕書：

「剛才那位前來求職的人，你看他修養如何？」

「不認識，不知道。」

「你覺得他的學識如何？」

「我不清楚。」

「他的能力，你覺得怎麼樣？」

「沒有相處過，怎麼會知道呢？」祕書還是一副不知道的表情。

「我說他的為人，富責任心、忠貞感，你覺得如何？」

「我一無所知。」

「剛才你送他走的時候，他是歡喜地離開呢？還是抱怨、不滿地離開呢？」

「我實在看不出來。」祕書搔了搔腦袋說。

總經理面露嚴肅：「你不能老是回答不知道、不知道，這世間上的任何事，都要知道才能做啊！什麼都不知道，你如何辦事？你有眼睛可以看，你有耳朵可以聽，你對周遭的人事物，必須要有觀察力與判斷力啊！」

總經理的一席話，猶如禪師的棒喝，重重地打在祕書的心坎上，他如夢初醒，自此改變了他原有的處事態度和人生觀念。事後，他告訴總經理：「感謝您的教誨，讓我上了人生最棒的一堂課。」

慣於以「不知道」來回答問題，永遠無法解決問題。唯有啓動感官、思想，觀察、判斷周遭一切事物，才能徹底解決問題。

我們若能時時刻刻從朋友、長官、同事身上，不斷地以「我上了一課」的心態學習，把這每一課寶貴的經驗、智慧累積起來，改進自己，昇華心靈，將來必定是一個虛心受教、自我健全、堪當大用的能人。

爲眾生擺渡

有三位比丘談論著，世界上什麼東西最難得？

第一位比丘說：「世界上，最難得的是青春永駐，健康長壽。一個人即使家財萬貫，但是老病來時，再也享受不到五欲的快樂。」第二位比丘說：「最難得的是知心伴侶，能夠患難與共。一個人縱然賺到全世界的權勢，如果沒有肝膽相照的朋友，則寂寞孤單。」第三位比丘說：「我認為最難得的是美滿的眷屬。一個人有健康的身體，有知心的朋友，但是眷屬相怨爭鬥，又有何用？每天像生活在人間的煉獄，求出無期。」

佛陀聽到三位比丘的議論，於是召集大眾，告訴諸比丘說：「世界上什麼最難得？不是健康長壽，不是知心伴侶，更不是美滿眷屬。我來說一個故事給你們聽。

大海中有一隻盲

龜，壽命無量劫數，平時潛藏於深海，百年才出水一次。有一塊有孔的浮木，漂流海浪，隨風東西。盲龜百年才出水一次，想要遇到這浮木，已是機會渺茫，更何況是值遇浮木的孔洞，馱負登岸？盲龜和木孔相遇，尚有千萬分之一的機會，但是凡夫漂流五趣之海，想要還復人身，可說比盲龜登岸難上萬倍啊！」

佛陀撮取地上的泥塵，攤在手掌上，對比丘說：「眾生得人身者，如我手上泥；失人身者，如大地塵。什麼最難得？人身最難得！比丘們，你們要諦聽思惟呀！」

「一失人身，萬劫難逢」，我們要珍惜此生，把握當前的因緣。人身難得，這個身體是我們今生借住的房子，我們要以慈悲為梁木，喜捨為鋼骨，柔軟為水泥，忍辱為莊嚴，雖然幻化的身軀僅幾十寒暑，但是借假才能修真，只要能夠善用有涯的生命，做個慈悲助人的擺渡人，為眾生擺渡，為眾生服務，便不空負此生了。

佛陀救國

愛國救國人人有責，即使佛教的教主釋迦牟尼佛，他也不例外。

佛陀時代，憍薩彌羅國的琉璃王征伐迦毗羅衛國，迦毗羅衛國的軍事太

弱，抵擋不住攻勢。釋迦牟尼佛得到了訊息，雖然他已成佛，本應放下世間的政治之事，但為了挽救無辜人民免於戰禍，他還是挺身而出。

當時印度有一個風俗，如果出兵打仗，遇到修道者就要退兵。於是，每一次琉璃王的大軍要進軍征伐迦毗羅衛國時，佛陀就靜坐在必經之路的中央，阻止大軍前進，就這樣一次、兩次，琉璃王的軍隊都無功而返。

有一次，琉璃王出兵，又看到佛陀靜坐在路中央，終於忍不住上前，向佛陀施禮問道：「佛陀，路邊有大樹十分陰涼，路中央陽光猛烈，您不要坐在這裡，到陰涼的樹下去嘛！」佛陀答道：「琉璃王，親族之蔭勝餘蔭。」

親族就好像樹木可以庇蔭我們，國家也像樹木可以保護我們，親族、國家的庇蔭，勝過一切的餘蔭。當敵人侵犯我們的國家，若是親族之蔭都沒有了，還要那個樹下之蔭做什麼呢？所以，琉璃王聽了也不得不感動，再一次的退兵。

成道的佛陀為護念他的國家與子民的安全，不畏烈日的曝晒，我們學佛修行者，也應該效法佛陀的「上報四重恩」的精神，感念國家覆護之恩，使我們免於流離失所之苦；感念眾生因緣成就之恩，令我們色身得以成長茁壯。

愛國，不是一種口號而已，更要有具體的行動。譬如：有的人從軍報國，守衛家國；有的人勤勞生產，提升國家的競爭力；有的人讀書勤學，應用知識造福人群；有的人行善積福，照顧傷殘、鰥寡孤獨，大家各守本分，一起創造慈悲安樂的大同世界。

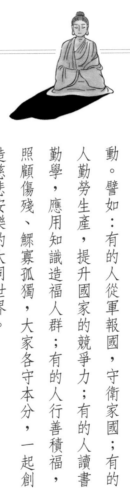

苦是入道的增上緣

有一對年老夫妻渴望聽聞佛法，無奈居住的地方太偏僻，從來沒有傳教的法師前來弘法。

好不容易終於等到一位出家人路過此地，老夫婦歡喜異常，懇請法師為他們講經說法；可惜這位法師資歷尚淺，對於經教義理一知半解，更不懂如何說法，卻難以拒絕，只好硬著頭皮登上夫婦二人準備的寶座。

這位法師本來就已經手足無措了，登上寶座，看到老夫妻恭恭敬敬跪在下面，急得滿身大汗，如坐針氈，不由地喊出

一句：「哎！苦啊！」

老夫妻聽到法師一針見血的開示，頻頻讚歎：「法師說得真好，人生確實是苦，年老力衰，又沒有養兒養女，空有資財，不知道要留給誰？真是苦啊！」

法師看到老夫妻虔誠磕頭如搗蒜，更是著急地說：「哎呀！真苦！」

老夫婦一聽，愈加感慨：

「真苦啊！為人在世每天忙碌，日夜辛苦，到了老年，病死逼迫，真苦啊！」

這時，法師再也忍耐不住，只得悄悄溜走。老夫妻許久聽不到聲音，擡頭一看，寶座上竟然空無一人，認為必定是菩薩慈悲顯靈指示。從此，他們深刻明白「人生是苦」，而發願行善助人，熱心公益。老夫妻在日日發心當中，漸漸感覺到人生不完全是苦，反而希望無窮，他們體會到，慈悲富含無限的歡喜和快樂，而「苦」實在是入道的增上緣。

苦

只有真正認清人生是苦，看清了世間種種虛幻不實，由此生出勇猛道心，精進修行，自然得以體會生命的輕安自在，無有掛礙！

師父的包袱

有一對師徒外出弘法度眾，師父走在前面，徒弟背著行李跟在後頭。路途中徒弟心中動念：「我一定要發菩提心廣度眾生，將來救苦救難！」徒弟年紀雖小，但他心中動的這個念頭，正是佛教裡「但願眾生得離苦，不為自己求安樂」的菩薩發心。

師父是悟道的阿羅漢，具有他心通、天眼通、天耳通等神通，跟平常人不一樣。他心中知道徒弟的發心，是菩薩的根性，很了不起。師父自揣不如：慚愧！慚愧！我都沒有發這種廣度眾生的心。於是立刻就喊：

「徒弟！徒弟！你肩上的包袱讓我來幫忙背。」

徒弟心想，師父今天怎麼這麼客氣呢？「師父，不必了，我來就好！」

「還是給我吧！」師父背起了包袱，又再跟

徒弟講：

「徒弟，你在前面走，我在後面跟。」

徒弟心中真是感到疑惑極了。

走著走著，忽然看到前面有一個水塘，許多螞蟻被圍困在水裡，有的在掙扎，有的淹死了。徒弟又想：「哎喲！眾生這麼多，我怎麼能廣度眾生呢？度不了的，算了！我還是做一個小乘人，先自救好了。」徒弟心念一動，師父立刻知道，馬上大喝一聲：

「站住！包袱拿去背，在後面走。」

這一段故事說明，一個人心量有多大，成就就有多大。菩薩發菩提心，「上求佛道，下化眾生」，念念都知眾生的痛苦，念念都要給眾生安樂，所以連證得阿羅漢的師父，都對發菩提心的徒弟尊敬三分。

我們平時舉心動念，也要想到別人的利益、別人的安樂，不可隨便侵犯別人。只要能發心幫助他人，即刻就是菩薩化身。

製面具

佛陀的大弟子舍利弗尊者，某天在路上遇見了一位老朋友，親切問候後，非常訝異地說：「恕我直言，你現在的相貌，怎麼這麼難看，一副凶相，你要多保重啊！」

這個朋友一聽舍利弗的勸告，開始反省，為什麼我的相貌變得如此凶惡呢？左思右想，終於想到了：「原來我每天為了要製造夜叉、羅剎青面獠牙的面具，不斷地想像出各種凶惡的模樣，無形中我的相貌也變成了羅剎、夜叉的模樣，真是相由心生，實在太可怕了。從現在起，我不再製造夜叉、羅剎的面具，開始學習雕塑佛像。」

舍利弗的朋友在雕塑佛像的時候，就觀想佛陀、菩薩慈悲的面容、親切的神韻；他愈雕刻心裡愈歡喜，無形中相貌也漸漸祥和起來。

有一天，舍利弗又在路上遇見這位老朋

友，禁不住問：

「咦！你的相貌怎麼會變得如此慈悲、祥和？」

「我現在天天都雕刻佛、菩薩像啊！」

由此可見，「心如工畫師，能畫種種物」，從一個人的相貌，可以看出其心思的正邪，和心境的美醜，因為相由心生！

每一個人都是改造自己的美容師，要想自己成為什麼樣子，都在於己。當我們心中常存歡喜、慈悲待人，無形中我們的相貌也會隨之祥和；當我們時常生氣，相對地，相貌也會呈現出凶相。與其濃妝豔抹，倒不如由淨化心靈「妝扮」起，讓心地純淨善良，自會感得相貌莊嚴。

羹味

有一次彌蘭王用餐時，宮女們端上一碗羹湯。這碗羹湯裡有蘿蔔、青菜、豆腐、醬料、辣椒、生薑、油、鹽……結合許多的調味佐料。這時候，在彌蘭王身旁的那先比丘看到這碗羹湯，藉機問彌蘭王：

「大王，現在這碗羹湯，不知道您是否有辦法把湯中的辣味、酸味、鹹味、甜味一一區分開來呢？」

「這怎麼可能呢？這種種的菜都已做成羹湯，百味合成一味，想分開，不過是痴人說夢。」

「大王，我們的國家、社會，融和了不同的男女老少，不分貧富貴賤，不論職位尊卑，每個人都是我國的子民，已無法分開。因此，我們要以同體的慈悲來看待他們，無論士農工商、販夫走卒，一律平等，都是集體創作，不可強作區分。

猶如生兒育女一樣，無論兒子、女兒，都是我的兒女，都應該一視同仁，盡心教養。同樣地，對待宇宙萬有，我們也應平等視之。」

集體創作，就如同百味融為一味。一個國家的人民，如果能意志集中，團結一心，群策群力，便能形成一股強大的力量，共創安康的未來；朋友相處，如果理想、目標一致，必能驅策進步。

社會上的各行各業，若只靠個人單槍匹馬，是無法成就一段因緣的，必須齊心齊力，集體創作，彼此尊重，相互支援，才能共蒙其利。

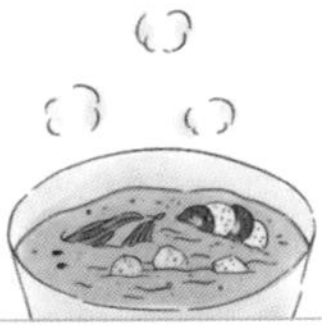

馬馬虎虎

宋朝時，京城住著一位畫家。某日，他正在畫一隻虎，剛好有人上門請他畫馬，於是，他自作聰明，把剛畫好的虎頭，再接著畫了馬身。

買畫的人問他：「你到底畫的是馬還是虎？」

畫家漫不經心地回答：「馬馬虎虎。」

一旁的大兒子也指著畫問，他隨口道：「是虎。」一會兒，小兒子看到畫，覺得怪異，他又胡亂回答：「是馬。」

有一次，大兒子去打獵，看到一匹馬，以為牠是虎，為了保全性命，就放箭把馬射死。結果，損失了一筆錢賠給馬的主人。

又一次，小兒子在野外碰到一隻老虎，天真地以為是一匹馬，上前要騎牠，結果喪生於虎口。

畫家有鑑於自己馬馬虎虎教二個兒子識畫，導致不幸的下場，痛哭流涕地把那幅畫燒掉。並作詩一首，作為後人的警誡：

「馬虎圖，
馬虎圖，
似馬又似虎。
大兒依圖射死馬，
二兒依圖餵了虎，
草堂焚毀馬虎圖，
奉勸諸君莫學吾。」

馬虎圖的例子，在我們現實生活中隨處可見，例如為人父母可曾仔細聆聽兒女心聲？為人子女除了盡奉養之責，是否真心體會父母對老病的恐慌？老師與學生、主管與屬下，除了眼前的課業、工作，是否也關心對方的悲愁憂歡，而不是只有公事公辦？

凡事馬馬虎虎，使我們的心變得粗糙，變得躁動，而再密集快捷的網路通訊，哪裡比得上人與人之間的靈犀相通、體貼關懷。

古代的禪師辛勤舂米篩米，百般揀擇，唯恐遺漏一粒米身；挑水煮茶，移步嚴正，不令灑落涓滴之水。他們是這樣恭謹身心，愛重天地萬物，不敢有絲毫馬虎呀！

反觀我們對待周遭的人事，又是如何呢？

新龜兔賽跑

話說，有一隻烏龜無意間爬到一本古書上，發現書裡記載了一則「龜兔賽跑」的故事。

看過內容後，牠心想：那些笨兔子都跑不過我們烏龜，於是得意洋洋地跑去找一隻野兔，下了挑戰書：

「野兔！我們來賽跑，我想你一定跑不過我的。」

野兔不甘示弱，回道：

「烏龜！我怎麼能和你賽跑，我不要十秒鐘就可以跑一公里。你呀！給你十分鐘，可能一百公尺都跑不到，所以我不跟你賽跑。」

烏龜挑釁道：「你們懶惰傲慢，絕對跑不過我的。古書已有記載，最終是烏龜贏。」

野兔給烏龜這麼一挑釁，便答應了烏龜，準備舉行一場「龜兔賽跑」。

他們找了好多的動物來作證，還邀請一隻老黃狗來「汪汪」兩聲，作為鳴槍，

然後一龜一兔便開始往前跑。

結果不要十秒鐘，野兔便到達了終點，而走在後頭的烏龜，連十公尺都沒有走到。

最後，烏龜不得不承認自己輸了這場比賽。

今人以古為鑑，並非一味奉為聖旨，食古不化，阻礙前行。世間的萬事萬物，是千變萬化的，要懂得推陳出新，不能一成不變，貪著於過去。古希臘哲人赫拉克利特就說：「人不能兩次踏入同一條河流。因為無論是這條河，還是這個人，都已經不同。」我們在參考歷史的同時，更要掌握時代的脈動，才能與時俱進。

過年

每逢歲末、年節接近時，大街小巷無不瀰漫著一股歡樂的氣氛，正月初一的一大早，就要到親友家裡互道恭喜。這個習俗，是有一個典故的。

傳說，「年」是一頭天上的野獸，兇猛無比，專

以人為食物。玉皇大帝只准許牠每年除夕下來人間一回，要是有誰運氣不好，就成了「年」的美味佳肴。因此每年到了除夕這一夜，人人無不恐懼倉皇，家家門戶深鎖，不敢外出。

直到有一年，人們發現兇猛的年獸總是遠遠地避開某戶人家，原來那戶人家的大門貼有紅紙，而且燃燒竹子。這個天大的發現，就這麼一傳十、十傳百，到了隔年除夕，家家戶戶都貼起了紅紙，燃放爆竹，一時爆破的音響充塞虛空，此起彼落，火光映在紅紙上，熠熠逼人，年獸也被嚇得倉皇逃竄。

至此之後，大家便知道驅趕年獸的辦法，開始貼紅對聯、燃放爆竹、守更待歲，年年沿用，成了中國民間過年的風俗習慣。只要平安度過除夕，到了正月初一，年獸就不會再來吃人，所以大家見面時就會說：「恭喜呀！你沒有被年吃了，恭喜，恭喜！」

也有人說，「年」是說明中國社會的「年關」。為了過一個好年，那些沒有做完的事情一定要完成。例如積欠的債務一定要還清，所以除夕夜，債主都打著燈籠上門討錢；此外，長輩還要辦年貨，家裡要除舊更新，兒童要討壓歲錢，還要穿新衣戴新帽，吃得豐盛。為了過年，就得辛苦預備許久，所以年過了，等於過一個「關」，值得「恭喜！恭喜！」

其實，「年關」也不一定一年一次。如果遇到困難，能夠自我砥礪，肯動頭腦，勤奮做事，培養技能、學問和智慧；甚至鍛鍊自己能早能晚、能冷能熱、能飽能餓、能大能小、能多能少、能有能無、能忙能閒，訓練自己過「關」的能力，那也像天天過年了。人生一世，能夠平平安安就是過年，也值得我們「恭喜！恭喜！」

背母親

有一位母親因為兒子的叛逆，日日憂心。縱使她費盡唇舌勸導，仍然挽回不了兒子浪蕩的心；不肖的兒子對母親的苦心不但不領情，還認為母親太過保守，束縛他的自由，於是離家出走。母親面對兒子的離家，又音訊杳然，傷心欲絕，終日以淚洗面。時日久了，竟哭瞎了雙眼。

幾年後，母親輾轉得到兒子入獄的消息，因為掛念兒子，想盡辦法到監獄探望。探監時，由於隔了一道玻璃，思子心切的母親請求能夠摸摸兒子的頭，辦事人員感動於母親的愛

子之心，就成全她的心願。母親摸著兒子的頭，鼓勵他要改過向善，然而頑強的兒子仍不為所動。

終於，談話時間結束了，兒子看到母親摸索著準備離去的身影，心中忽然生起不忍。他向辦事人請求，背著瞎眼的母親走到大門，送她坐上計程車。辦事人員因為他在獄中無不良紀錄，也就沒有為難他。

兒子背著母親，走在監獄的通道上，母親對兒子說：「這一刻是我一生最快樂的時候。想起你小時候晚上怕黑，媽媽也是這樣背你，哄著你入睡；今天你能背媽媽，媽媽感到很欣慰，就是死了，也沒有遺憾了！」兒子終於被母親的話感動，回憶起母親養育的辛勞，從此洗心革面，在獄中發奮讀書，出獄後更考上一流的大學，成為能幹有為的青年。

不肖的兒子原本也有一顆良善純淨的心，由於外在欲望的牽累，走入歧途，而被牢獄囚禁。好在他及時改性換心，才能扭轉命運。所以，徘徊於歧途的人兒！想要轉變命運，改變人生，就要把我們剛強的心，改成慚愧的心，把怨恨的心，改成感恩的心，便能有重生的契機。

傳燈

《維摩經》中所提出的無盡燈法門，是將佛法比作一盞燈，一燈傳十燈，十燈傳百燈，百燈傳千燈、萬燈……如此便燈燈無盡。佛法的明燈不僅照亮外在的世界，更重要的是能夠照亮眾生的心靈，照破愚痴晦暗，以便在茫茫紅塵、悠悠六趣中，看得清前方的路。一九九五年，天下文化公司要為我寫一本傳記，在取書名時，我便建議取名為「傳燈」。

「傳燈」在佛教中有傳承的意思，甚至在政治上，以及各種事業、種族也都有傳承，意即將事業、文化、國家社會、民族精神等發揚光大。從古至今，一般的父母都會將財產「傳承」給子女，這是不夠的，應該要把自身的信仰、慈悲、道德、智慧經驗等，傳承給子女，使之世世代代，綿延不絕。

《傳燈》在印行的時候，為了封面

的「傳燈」二字，我請朋友到故宮博物院，將歷代聖賢所寫過的「傳燈」二字都找出來，讓我參考。經過一番琢磨後，決定採用東晉王羲之所寫的「傳」字，及宋朝蘇東坡所寫的「燈」字。如此，由東晉到宋朝，再經過現代人的規劃、排列，更加彰顯了「傳燈」的意義及內涵。

天下文化公司認為，這一本書不但為當代社會樹立了新觀念，更可作為青年人的勵志書。

我想，我只是將自己生命中的一些經驗、閱歷，與社會大眾歡喜分享，更期望藉著這一盞燈，讓大家都得到無限的光明與希望。

彈琴

佛陀在世時，出家弟子中有一位修行十分精進勇猛的比丘，名叫聞二百億。由於他太過精進勇猛，在日夜刻苦的修持下，身體逐漸疲憊，雖到了難以支撐的地步，仍開不了悟，心中非常煩惱，

因此，就向佛陀請求還俗。

「佛陀！出家修行太辛苦了，我要回到世俗去！」

佛陀慈悲端詳著眼前這位弟子，看來既疲倦又沮喪，問道：

「你過去是做什麼的？」

「我是彈琴的音樂家。」

「我問你：假如琴的絃很緊，彈的結果會怎麼樣呢？」

「絃太緊會斷。」

「如果太鬆呢？」

「太鬆則琴不響。」

佛陀微笑地說：「聞二百億！修行也和彈琴一樣，太過勇猛精進，就像太緊的琴絃容易斷；太懈怠不認真，就像太鬆的琴絃彈不響，所以修行的生活要中道。

你常常苦行，苦行太苦了，就會感到修行冷冰冰的，沒有意思。你若回到俗家去，過於快樂反而容易樂極忘形。因此，真正的修道生活，要不苦也不樂，行之中道，這才是真正的修行。」

修行太緊或太鬆，是許多修行人都容易犯的過失。有的人太過著急，用苦行壓迫自己，使身心如繃緊的絃，反而不能解脫自在；反之，有的人懈怠、放逸，空度時日，也不能開悟證道。

在超凡入聖的修行路上，是不能偏於一邊的，唯有不急不緩、不苦不樂、不忙不閒，把身心安住在中道的生活裡，不偏不倚，才能道業增進，解脫證悟。

伎兒得牛

有一名擅長各式各樣樂技的伎兒，演奏的技巧出神入化，曲曲都能扣人心弦。他的才藝過人，備受眾人肯定。

一次，這個伎兒到一戶富貴人家乞牛。性格慳吝的富人，不願意施捨牛隻，又怕遭人非議，被人批評為富不仁，因此故意出了一道難題：「要我給你一頭牛可以，不過我有一個條件，你必須為我日夜不停地演奏，持續演奏一年，自然可以得到你應有的報酬。」

這個伎兒爽快地回答：「這沒問題，但是您果真能持續聽上一年不厭倦嗎？」

富人自信滿滿地說：「你能演奏，我就能聽。」

於是，伎兒窮日落月，一心一意不停地演奏。才不過三天的時光，富人已經愈聽愈不耐煩，看伎兒還專注陶醉地演奏，趕緊命令僕人牽一頭牛給伎兒，急匆匆地打發他離開。

佛陀曾說，精進是通向解脫彼岸的不二法門。在修學佛法的過程中，要能深入法要，離繫解脫，必須靠自己不斷努力行持，這就是精進力的功用。

精進是開啓成功之門的鑰匙，精進就像是鑽木取火，持續不間斷才會生出火苗。譬喻故事裡的伎兒，因為有恆心毅力的堅持，所以能達成他的目標而得到牛。在世間上，求取知識學問，學習各項技能，想要有所成就，就得靠一份精進心、恆常力；修學佛法者也是，有了精進力的驅動，自然日有所進，終能圓滿菩提道。

幸福在尾巴上

有二條狗，彼此相依為命。小狗老是抱怨生活的窮困，幸福之神不知道何年何月才會降臨，使牠們衣食無慮，以洗刷「喪家之犬」的羞辱。

老狗總是安慰小狗：「無家，處處是家，生活只要溫飽就足夠了。如果被人類豢養，做一隻搖尾乞憐的狗，反而失去尊嚴和自由。」

可是小狗聽不進老狗的意見，一心做著「流浪狗變名貴狗」的美夢。

有一天，小狗跑去算命占卜，牠問：

「幸福到底在哪裡？」

「幸福就在你的尾巴上。」

小狗聽了，為了要抓住幸福，拼命轉著圈子，要咬住自己的尾巴。

小狗跑得滿身大汗，還是咬不到自己的尾巴，垂頭喪氣地對老狗說：

「占卜說，我的幸福在尾巴上，可是我卻抓不住幸福。老狗！你有什麼辦法可以抓得住幸福呢？」

老狗笑著說：「我尋找幸福的辦法是向前走：對過去無悔，對現在無懼，對未來無憂。因此只要我的腳步向前，尾巴上的幸福快樂，自然就會跟隨著我。」

幸福在哪裡？猜忌使我們遠離幸福的懷抱，懷疑使我們錯過幸福的召喚，嫉妒使我們模糊幸福的面貌，空想使我們失去幸福的擁抱。

何必向神祇乞求幸福的降臨，幸福，不假外求，本就在我們的心靈，心靈的寶藏就看自己如何開啓。

心的力量

一個人要專注一境，才能心不散亂；佛教也闡明，應將生死觀常掛於心，才不會被世間的五欲塵勞所迷惑，懈怠偷安過日。

在印度，有一位國王，為了試驗一個人的心有多大力量，尤其是把生死時刻記掛在心上時，會有什麼樣的效果？於是命人到牢獄裡去找一個死囚，要他在頭上頂著一碗油，繞城一周，如果碗裡的油一滴都沒有潑灑出來，就赦免他的死罪。

這位被挑選出的死囚心想：這是唯一求生的機會，絕不能粗心大意。因此當他將一碗油頂在頭頂時，極為專注地繞城行走。

國王事先還在每個大街小巷，安排人員敲打鑼鼓，又命令許多歌舞美女在街上表演舞蹈，試圖以種種聲色擾亂這個死囚。死囚為了活命，只是專心一致地頂著油繞城，完全沒有注意到周遭發生的一

切事物。當他繞完全城後，果真一滴油都沒有滴出來。
國王問他：「剛才你在繞城的時候，有聽到鑼鼓聲嗎？」
死囚說：「我沒有聽到。」
國王又問：「你有看到那許多歌舞美女嗎？」
死囚回答：「我也沒有看到。」
由此，國王證實：一個人如果把生死記掛在心上，便不會亂想、亂說、亂做，同時也體悟到專注一心的力量不可思議。

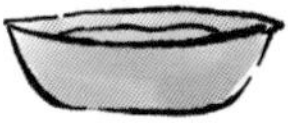

這即是《佛遺教經》中所說的：「制心一處，無事不辦。」比方說，念佛的人，精進一心地持誦佛號，久而久之，心就逐漸平靜安定，佛號聲念念縈繞，妄想雜念就無從生起。從事任何事情也是如此，心意集中於一處，必定能把事情做到最好，收到最大的成效。

播種的收穫

從前有兄弟二人，父母過世以後，他們就各自分家。由於東邊的一塊地比較肥沃，貪心的哥哥就留給自己，將西邊貧瘠的土地，分給弟弟種植。弟弟並不計較好壞，反而積極向專家請教農耕的知識。

一年以後，弟弟的田地五穀豐收，心裡想：哥哥近況不知如何？就帶著幾斗米，當成禮物去探望哥哥。當來到哥哥家裡，嫂嫂說，哥哥到廟裡去拜神明，要他等一會兒。弟弟隨意走到東邊的田地，只見一片荒蕪，雜草叢生。

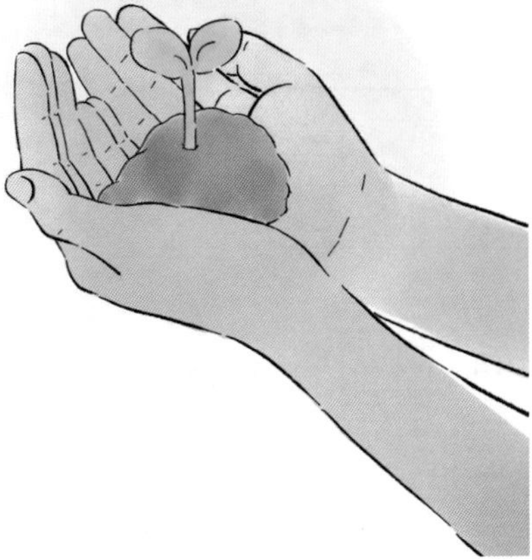

不久哥哥回來，弟弟問起，為什麼不到田裡作務，任田地荒廢呢？哥哥神祕兮兮地說：「弟弟，這你就有所不知，我天天拜神明，祂會賜給我五穀豐收，得到無盡的財富！」

弟弟反問：「哥哥你現在對著這張桌子，天天祈求：桌子呀！請你賜給我白米和金錢，桌子能夠做到嗎？只求神明卻不耕耘，神明是不會代替你工作的。金黃的稻穗也不是短時間從土裡長成的，需要因緣、時間的灌溉。財富更不是神明的賜予，我們的雙手才是真正的聚寶盆，才能為我們創造幸福美滿的生活。」

我們都以為自己不會像故事中的哥哥那樣愚蠢，但是反觀多少信仰宗教的人，常常拿著幾根香蕉、幾盒餅乾，就要向神明菩薩要求：家庭平安，健康長壽。殊不知，希望平安和樂，就要忍耐無諍；希望長壽，就要惜物護生。只知一味祈求發財成功，平時卻吝於布施、與人為善，這樣的心態與糊塗的哥哥沒有兩樣。幸福的生活不會憑空而降，也是需要自己努力耕耘的！

國王的膿瘡

阿闍世王，是佛陀時代中印度摩竭陀國頻婆娑羅王及皇后韋提希的太子。阿闍世王因輕信提婆達多的讒言，幽閉其父王在七重室內至死後，篡奪王位，自立為王。

有一次，小兒子優陀耶

想把小狗抱到餐桌上一同吃飯。可是阿闍世王堅決不肯讓小狗坐上餐桌，小兒子也不願退讓，哭鬧著說：「沒有小狗陪我吃飯，我不吃。」

看著小兒子，阿闍世王很是感慨：「貴為國王，為了疼愛兒子，竟然要跟狗子同桌吃飯！」

「這有什麼了不起，當初你的父王對你，比這更大的事都有，只是你不知道罷了！」母后韋提希說道。

「什麼事？」阿闍世狐疑著。

「在你很小的時候，手指上曾經長了一個膿瘡，痛苦不堪，日夜都不能睡覺。因為不忍你受苦，你的父親便抱著你，把你放在膝上，親自用口為你把膿吸出來。有時，因為口裡的暖氣，害熟的瘡流出膿來，你父親怕驚動睡著的你，他只有吞下流出的膿。」聽著母后訴說過往，阿闍世王掉入童年的回憶裡。

「你父王為了疼愛你，心甘情願這樣子做，這比和狗子同桌吃飯，是有過之而無不及的。」

忤逆不孝的阿闍世王聽了母后的話，慚愧萬分、心生悔悟，終於去祈求佛陀為他開示懺悔法門。

懺悔，是得救之道，俗語說「放下屠刀，立地成佛。」只要真心悔過，必能得到清淨。雖然阿闍世王前半生做了殺父、傷害佛等罪過，但是經過他不斷地懺悔，不但洗盡罪愆，慢慢地也獲得全國上下的尊敬，成為印度大有作為的國王。

人非聖賢，孰能無過，就是貴為一國之尊也難免犯下過錯。犯錯並不可恥，重要的是肯懺悔。懺悔，就好比東西骯髒了，以清淨的水就能洗淨；再重的罪惡，只要肯懺悔，身心也能恢復清淨與平靜。

懶惰之害

某天，閻羅王對一個小鬼說：「你可以投胎做人了！」小鬼搖頭說：「做人啊！我可不要去，人間很苦的，尤其是貧窮人，衣食不全，天天為了三餐住宿而煩惱，太辛苦了。」

閻羅王安慰小鬼：「你放心，我看過你的因緣簿了，這一

次你會有高達一萬兩黃金的財產，足以讓你舒服度日，高枕無憂。」小鬼得到閻羅王的保證，也就放心投胎去了。

轉生為人的小鬼，受到父母親百般的疼愛，還送他到學堂讀書。可是讀沒幾年，他便吵著要學武；武藝未成，他覺得沒意思，就改做生意；錢都還沒賺到，又跑去務農。這一回，他還是三天打魚，兩天晒網，還不待收成，就餓死在田裡了。

小鬼死後，心有不甘地找閻羅王理論：「你說我會有一萬兩黃金的財產，可是你看看，我最後還是餓死在田裡。」

聽了小鬼的冤屈，閻羅王趕緊命鬼卒去查，才知道一萬兩黃金已交給土地公。閻羅王把土地公找來，質問：「你把黃金拿到哪裡去了？」土地公趕快解釋：「因為小鬼要讀書，我就把一萬兩黃金交給文昌帝君，讓他好好讀書，將來考上狀元。」

閻羅王把文昌帝君找來，問：「這個人的一萬兩黃金呢？」文昌帝君說：「一萬兩黃金正準備給他運用時，他卻去學武，我就把黃金交給武曲星君。」

閻羅王再把武曲星君找來。武曲星君回答：「本來要給他用的，誰知沒幾年，他說要去學做生意，我便把錢交給財神。」

閻羅王只得再把財神找來：「你怎麼不讓他賺錢呢？」「他才剛開張幾天，就跑去務農啦！」

最後，把神農大帝找來，神農大帝說：「閻羅王，是他自己不肯種田，錢還沒用上，就餓死在田裡啦！所以錢還在我這裡。」

「唉！」閻羅王嘆了口氣，說：「懶惰不能成功，命中雖有錢，也得靠勤勞精進才有所得啊！」

閻王所言不虛，即使命中註定有財有富，不知勤勞耕耘，等同守株待兔，守到葉枯朽、樹傾倒，還是一無所獲，只是一場空。

買鬼喪子

有甲乙兩戶人家，互為鄰居。乙看甲的家運亨通，步步高陞，享受富貴榮華的生活，就好奇地問甲：「怎麼你家裡一直發財？這麼富有呢？」

甲湊近乙的耳邊悄悄地說：「我偷偷告訴你，你可不要告訴別人哦！因為我家裡頭，有一個勤勞鬼，什麼事都做。他為我分擔家計，所以就慢慢積聚財富啦！」

乙驚喜地說：「真有這樣的事？那你可不可以把鬼賣給我，讓我也能發財發財啊！」甲原本捨不得賣，在乙死命央求下，

只好答應，最後以二百兩黃金將鬼賣給乙。

臨走前，甲還特別叮嚀：「這個鬼你一定要讓他做事，不單是白天做，晚上也給他做。總之，要有計畫地把所有事情安排妥當，別讓他休息便是。」

乙把鬼帶回家後，依照甲交待的，無論是上山砍柴，下河擔水，還是舂米拉磨，煮飯洗衣，什麼大小的事情都讓這個鬼去做。沒多久時間，乙家果然也發大財，生活日漸富裕起來。

一天，乙外出辦事，仍不忘將工作交待給鬼做。他出去後，這個鬼不到半天時間就把事情做完了，正愁著沒事可做，竟把客廳裡玩興正濃的小孩，剁成幾段，放到鍋子裡煮，心裡還很歡喜，想著主人回來就有好料可以享用。

乙一回到家，鬼就將煮好的肉湯端給乙食用。乙看到鍋裡面，竟然是自己的獨生子，嚇得「哎呀」一聲，昏厥過去，不省人事。

有謂「橫財不發命窮人」，由於貪心妄想作祟，乙不以智慧去賺取錢財，不付出勞力，反而養鬼做事，像這樣光靠投機取巧來賺錢致富，那是沙上建樓，風一吹就倒塌了。

佛教倡導以正命為業，從事合理、正當的職業，遠離邪命的生活，儘管家徒四壁，貧苦無所有，只須勤奮不懈，終會有出頭的一天。

不皈依也難

在佛光山開山期間，屏東工務局有一位姓高的居士，常常到佛光山來做義工，不論大小事情都願意遠從屏東趕來幫忙。這樣發心護持許多年，依然任勞任怨，歡喜甘願付出。有人問他：

「高先生，你有沒有皈依？」

「沒有。」

「你這麼發心，對大師又這麼尊敬，應該皈依才對啊！」

「我才不要皈依！」

「為什麼？」

「大師的願力太大了！天天想做這個、想做那個，什麼好事他都想要做，一旦做了他的弟子，若不能盡力幫忙，我會於心不安的。所以乾脆不皈依，這樣感覺比較自在。」

我聽到以後，只覺得度人信佛，不能帶有半點勉強，應該隨順個人的想法和意願，也就隨其自然。

十多年後，有一天，我在皈依典禮中，驚見高先生也跪在人群裡虔誠的禮佛。事後我開玩笑說：「高先生，你不是說不皈依嗎？怎麼今天願意皈依了？」他低下頭來，不好意思地說：「看到您為佛教、為大家付出那麼多，自己想不發心皈依也難啊！」

其實，信仰是出自本心、發乎真性，因緣到了，自然就能水到渠成。就像有些人總是對我說，「我可不要信仰佛教」、「我可不要皈依」，然而一旦接觸佛教久了，也參與弘法的行列之後，他們心中的善根，就像埋在土裡的禾苗一般，在土壤、水分、陽光、空氣的滋潤下，自會生根發芽了。

皈依，是對信仰的肯定，是發自內心的虔誠信仰，絲毫勉強不來。每個人都有自己的因緣，只要耐心等待，因緣總有成熟的時候。再者，人人都有個人的看法，唯有彼此尊重，才能和諧共處，往來無礙。

收穫

東村有兩個商人，每回外出經商，都先由東村購置貨物後，再背著貨物爬過高山，來到另一邊山腳下的西村販賣。

甲商人每每爬山，無不怨怪：「哎，山太高了，爬不動。做生意真麻煩，賺不了多少錢。」

乙商人觀念就不一樣：「山再高一點就好了！這麼險峻難爬，別人就會放棄，我就可以獨家經營。」山愈高，他就愈歡喜、快樂。

由於甲乙商人對高山的解讀不同，一個視為是阻礙，一個

看作是商機，不同的心態就決定了兩個人事業格局的大小。

世間上，「困難」與「容易」並沒有一定的分界，只在看法的不同。「風險」會去敲每一個商人的大門，但袋子裡的「成功」只送給有意志力、有眼光的商人。

天下無難事，只怕有心人，只要有心克服困難，自然能發揮所長，朝目標邁進。做生意是如此，做學問是如此，為人、修行也是如此。若擁有向前無畏、百折不撓的勇氣，又能冷靜觀察時局，洞悉變化，在關鍵時刻做出最佳決策，自然能有所成。

常人易犯「只嘗果，不看因」的毛病，一味著眼於別人的成就，卻不知道探究其成功背後的努力和因緣。當以謙虛慚愧心作為資糧，學習別人的成功之道，並從困境與難題裡找到自己努力的方向，才能奠定成功的基石！一旦超越了困難的峻嶺高山，必定能收穫金黃閃耀的豐碩「果」園。

良辨杉的故事

日本奈良東大寺裡，有一棵一千多年樹齡的杉樹，叫做良辨杉。為什麼叫良辨杉呢？源自於良辨禪師與母親的一段故事。

良辨禪師剛出生不久，就給一隻老鷹啣走了。老鷹啣著禪師飛了一段路，便將他

放在東大寺的這棵杉樹上。寺裡的老和尚看到樹上有個「天外飛來」的小兒，連忙救了下來，因不知母親是誰，只有自己撫養。

失去小孩的母親著急得不得了，天涯海角尋尋覓覓失蹤的孩子。四十年後，良辨禪師已經成為東大寺的大和尚了，老和尚在把住持位子傳給他時，同時將當初掛在身上的項鍊交給他，並交待：「你是老鷹啣來的孩子，這條項鍊收藏好，做為將來和你母親見面的憑據。」

這個老母親走遍全國，到處打聽孩子的下落，終於聽人說東大寺現任住持是老鷹啣來的。她又一路步行、坐渡船到了奈良，摸索到東大寺。可是幾十年前的事，無人記得清，當地人都當她是瘋老太婆，可是她不放棄，守在寺外，等待因緣。一天，良辨禪師經過，她一把拉住轎子，對著禪師喊：「你是我的兒子！你是我的兒子！」良辨禪師只好帶著她先回到寺裡。

良辨禪師問：「你怎麼說我是你的兒子呢？」老母親一五一十地將當初孩子被老鷹啣走，身掛項鍊，以及幾十年來尋找孩子的經過告訴禪師。良辨禪師這才恍然明白，眼前傴僂老邁的老婆婆，真是與自己失散多年的母親。兩人相認後，禪師將母親安置在東大寺孝養，那一棵杉樹也因此取名為「良辨杉」。

世間之情，莫過於親情的偉大。良辨禪師的母親為了尋找自己的孩子，千山萬水跋涉，儘管天涯海角之遙，歲月時光之長，任憑髮蒼蒼、齒動搖都不放棄，堅持與孩子團圓的信念，讓她不畏時間與外境的考驗。試想我們是否也能懷著一個母親的情感和心情，去完成自己的工作與理想呢？

看病福田

佛陀的十大弟子中，阿難尊者被形容為「相如秋滿月，眼似淨蓮華」，其莊嚴可想而知。但他也不是唯一的一位，天眼第一的阿那律尊者，同樣是相貌端正的美男子，是佛陀的堂弟。阿那律道心堅固，雖然美色當前，也能坐懷不亂。

但有一回，佛陀聚眾說法，阿那律感到疲倦，竟然打起瞌睡來。佛陀喝斥：「咄咄汝好睡，螺螄蚌蛤類，一睡一千年，不聞佛名字。」阿那律驚醒過來，內心很慚愧，發願盡形壽不再睡眠。

為謹守誓願，阿那律再怎麼疲倦都不闔眼，即使佛陀勸勉休息，他也不肯。時日一久，雙眼就失明了。

在團體生活裡，最令阿那律感到困擾的，就是托缽乞食和縫衣。因為看不見，穿針引線備感困難。

佛陀得知後，走到阿那

律身邊，告訴他：「我來幫你穿針縫衣吧！」阿那律生病的時候，佛陀也說：「阿那律，我來倒一杯水給你！」「我餵你吃藥吧！」阿那律總是感激得說不出話來。後來，佛陀教導他修行「金剛照明三昧」，最後證得天眼通。

佛陀教誨弟子，在八福田（佛田、聖人田、僧田、和尚田、闍黎田、父田、母田、病田）中，「看病福田」為第一功德，並躬行實踐，為後世弟子留下榜樣。

對於苦難的人來說，最需要的就是善知識的幫助和安慰，所謂「良言一句三冬暖，惡語傷人六月寒」，一句鼓舞人心的好話，有時候比黃金萬兩還要寶貴！觀看今日的社會，苦難太多，需要大家共同實踐「做好事、說好話、存好心」的三好運動，學習佛陀為人群服務，以愛語鼓勵眾生，以大乘菩薩道的精進與慈悲心，饒益世間有情。

時鐘的動

我曾經在病床上，體會到生命的真義就是要「動」。那時，因為開刀麻醉昏睡了許久，當我醒來時，意識模糊，弄不清自己究竟是死？是活？

看著對面牆壁上的時鐘，那時長針正指到六點整，我緩慢而無力地閉起雙眼。過了好久，又將眼睛睜開來看，六點五分；閉起再睜開，六點十分，覺得時間過得好慢，像是蝸牛在時鐘上散步一樣。

對於時間的漫長，我並不以為意，真正讓我歡喜雀躍的是：

我看到時鐘在動，這表示我沒有死，因為「動」就是生命的活力，「動」就是人生的真實義。

常言道「要活就要動」，確實如此！人生，就要讓自己動員起來，才算是真正的活著。

所以，「動員」你的眼睛，看書，看朋友，看世界，看有意義的事

情；「動員」你的耳朵，聽善言，聽好話，聽佛法，聽鳥語，聽美好的音樂；「動員」你的手，去做事，去種植，去服務，代老人家寫信，帶盲人走路；「動員」你的腳，散步，走路，遊天下；「動員」你的心，挖掘內在的寶藏，擴展內在的善心，將慈悲散發給人，以歡喜心與人相處，感恩親朋好友。

動員的人生，意義非凡。常說「滾石不生苔」，動才有活力與生命力，也才有希望。我常常提醒徒眾，適當的休息是需要的，但過分的休息就不應該了，因為將來到棺材裡面，有的是時間休息。因此，趁著還能動的時候，發願做個常精進菩薩、不休息菩薩，為社會大眾、為自己的法身慧命，多一些服務與建設吧！

三句話

一九九六年，我的母親以九十五歲的高齡，在美國洛杉磯往生。當時，我的兄弟、侄兒、侄孫都難過得哭了。

因捨不得而哭泣，是人之常情，但我心中有不同的見解，於是忍不住說：「老是哭做什麼呢？你們說老奶奶對大家很好，如果要記住她，光哭泣是沒有用的。」

我繼續問大家：「可記得老奶奶講過的三句話嗎？任何三句都可以，誰能講給我聽聽？」大家一片茫然，說不出來。

我又開口：「老奶奶說過那麼多話，連一句都說不上來，可見你們沒有記住她，那麼哭又有什麼用呢？」

我也常常用這些話問徒眾，乃至信徒。

曾經，有一位信徒很尊敬我，常常表示：「師父的那本著作我看了三遍，師父的這本著作我讀了五遍……」我回道：「既然讀過三、五遍了，那麼就把最受用的三句話，說給

我聽。」他一句話都說不出來。

還有一位徒孫，看我常常世界各處穿梭弘法，於是跟我說：「師公！我也要跟您去。」我回答他：「你跟著我也快一、二十年了，你把我過去講過的話舉出三句，講得對、講得好就帶你去。」他一聽也是茫然以對，愣愣地不知道要講哪三句話。

學習不留心，也不懂得運用，即使四書五經都讀過，連一句話也無法利己益人；縱然三藏十二部經典都讀遍，卻是一點佛法也無，不也枉然！

學習，當講究適用、適時，什麼時候說什麼法，什麼時候做什麼事，心裡明明白白，就算只學到三句話，也足夠一生受用無窮！

高爾夫開球

有一次，信徒請我為高爾夫球賽開球。我一個出家人，高爾夫球場都沒看過，也不懂得球賽規則，怎麼開球呢？但信徒盛情又怎好拒絕？基於給人歡喜的理念，我也就去了。

到了現場開球的時候，我也得擺出專業的姿勢，只聽到信徒連連稱讚：「大師你打得好準！」「大師，你開球的姿勢真好看！」「大師，你也打過高爾夫球嗎？」殊不知，這其中是有學問的。

童年時期，一般家庭的生活並不富裕，小孩子沒有什麼娛樂，便自己動腦筋創造遊戲。

我們將木頭削尖，再用一根棍子把尖的地方一擊，木頭跳起來時，趁勢打出去，同伴們就要替我撿回來，就這樣互相幫忙、合作，以此娛樂。這個打木頭棍子的遊戲，我們稱作「打梭」，這個「梭」表示很快，所以常

說：「光陰似箭，歲月如梭。」因為有了童年遊戲的經驗，對於打球的技巧，我也略知一二。

過去時報鷹職棒球員問我：「如何打棒球才能勝利？」我回答：「打棒球不是用力，是要用心。用心去感應，縱使球速再快，也比不上心的速度，用心的力量打棒球，必定比球棒更快更準，這就好像習禪者十分講究心力的道理是一樣的。」

如果沒有童年的經驗，在高爾夫球場上，我可能就會「揮棒落空」吧？任何領域具備專業知識是必要的，但學習和經驗更不可或缺。

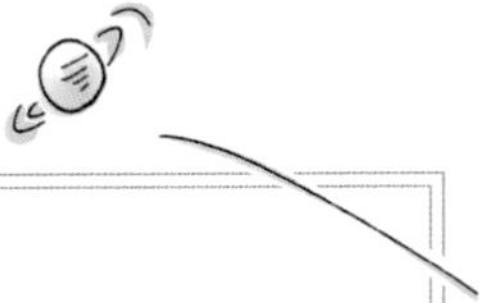

在科技不甚發達的時代，人類就能觀察大自然現象，推測天氣的變化；甚至文字的產生，也是老祖先虛心向大自然學習，由生活中的經驗點滴累積而來的。人生就是一連串的學習，唯有去學習、去經驗，才能不斷進步。

掃地十年

四十多年前，我在一所佛教學院擔任教師職務。當時我年紀雖輕，由於教書的緣故，也受到一些老人家的尊重與愛護。他們常在我下課的時候，送來一碗麵，佛教學院裡的學生看到了，總是投以羨慕的眼光，認為做老師真是風光。

一個早晨，有個學生正在掃地，看我從旁經過，他忽然停下動作，趨前問：

「老師，我想請教你一個問題。」

「好啊！你講。」

「為什麼每天都有老人家送麵給你吃？為什麼他們不送給我吃？」

孩子單純直率的問題，看似簡單，卻極難回答。我給他這麼一問，也不知如何回答才好。稍微停頓了一下，才開口說：

「掃地。」

「啊？」他滿臉問號的發出一聲。

「像你這樣掃地，用心掃十年，將來必定也有麵可吃。」我比了個「十」字，笑著說。

掃地十年是種植因緣、醞釀因緣，因為我們現前所擁有的一切，並不是像孫悟空一般，忽然由石頭蹦出來，而是凡事皆從因緣而來。

我回想叢林參學期間，只是個初出家的小沙彌，不但掃地十年，也日日替人添飯洗碗、擔水挑柴，種種勞力苦役不下十年。古人為學是「十載寒窗，一舉成名」，能先甘於耕耘十年，才有後來的功成名就。做任何事，若能以「掃地十年」的心情來努力，才能擁有踏實的人生！

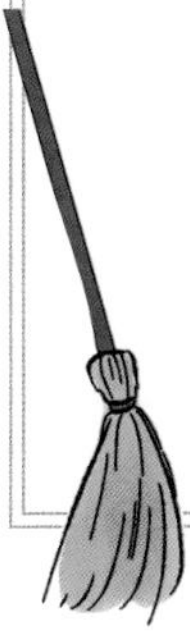

毒蠍

佛經裡記載：有一隻毒蠍住在河的右岸一段時間了，牠想換個環境，卻沒有一隻動物肯幫助牠。由於毒蠍有劇毒，其他的動物無不畏懼萬分，即使毒蠍再三承諾，絕對不會以毒刺傷害，但是空中的鳥、水裡的魚，都拒

絕毒蠍渡河的乞求，生怕自己會性命不保。

有一天，天氣晴朗，毒蠍在河岸上散步，看到遠地來的一隻烏龜。毒蠍上前向烏龜拜託：「烏龜先生，我想效法您四處旅行參學的精神，打算到河的另一邊旅行，請您載我一程。」

烏龜聽了以後，面有難色地回答：「我是樂意幫忙，但是你身上的毒刺會使人致命……」

毒蠍拍拍胸脯說：「烏龜先生，你載負我渡河，你我就是生命的共同體，我如果用毒刺傷你，對我自己也不利，我怎麼會做出損人又不利己的傻事呢？」

烏龜最後答應毒蠍的請求，讓牠坐在背上。烏龜賣力地往前游去，就在即將抵達彼岸時，烏龜的頭突然被刺了一下，烏龜生氣地罵毒蠍：「你這隻忘恩負義的毒蠍，你用毒刺刺我，我們都會同歸於盡，你為什麼要做出違背諾言的事？」

毒蠍委屈地回答：「烏龜先生，我真的對不起你，實在是我做毒蠍太久了，才會不由自主地螫你，請你原諒我。」

人都有好壞不同的習性。慈悲柔和的習性，可以讓我們身心清涼自在；惜福結緣的習性，可以使我們獲得增上善緣。如果是不好的惡習，如貪瞋嫉妒等等煩惱習氣，則會使我們羈鎖在苦惱的地獄裡，漂流在生死的苦海中，所以，不可輕忽習性的培養。

佛陀常說：人命無常，喻如朝露，出息雖存，入息難保。在如此短促的人生，應當多薰習清淨莊嚴的善行，以戒、定、慧降伏心裡的毒蠍，才做得了自己的主人，安全地渡到彼岸。

治家之道

如何服人？要以身作則，所謂「上為之，下效之」，在上位的人行得正、做得好，還怕下面的人任意胡為嗎？

想取信於人、讓人折服，需以「同事」攝之。口說千言萬言，還不如從自己做起；訂出如山高的規矩，更是要從自身做起。

宋朝的諫議大夫陳省華，在這方面便做得讓人佩服。

陳省華有三個兒子，長子堯叟當了宰相，次子堯佐及三子堯咨也在當朝為官，一家都非常顯貴。縱使身處高位，一家顯赫，陳省華仍要妻子每天帶著兒媳婦下廚做飯，他的治家

信條是：「官職愈高，愈要嚴以律己，才能取信於民。」

陳省華的大兒媳是朝廷重臣馬尚亮之女，她常向丈夫堯叟訴苦：「你當宰相，我是宰相夫人，為什麼我還要天天下廚房？可否請公公免了這條規矩？」堯叟總是搖頭不語，大兒媳只好回娘家哭訴。

馬尚亮在上朝途中遇見陳省華，試圖為女兒說情：「親家！我女兒從小沒下過廚房，你就別讓她天天做飯，更何況她現在是宰相夫人！」陳省華不悅地反駁：「誰讓她一個人做全家的飯？她只是跟著我那笨拙的妻子在廚房打雜，她連打雜也不做，難道讓她婆婆自己做嗎？」

馬尚亮聽說做飯的人是陳省華的妻子，很是感動：「親家！這就是我的不是了，小女就勞煩您多多教育吧！」

身為一個領導人，要躬身實踐，倘若規矩、道德說得口沫橫飛，表現出來的行為卻難以教人敬重，或者「只准州官放火，不許百姓點燈」，又該如何領眾？陳省華的嚴己，馬尚亮的明理，實為最佳的領導人模範。

如何一舉成名？

有句話說：「說食不能當飽，畫餅不能充飢。」這是告誡我們要想達成目標，完成理想，就要「說」與「做」一致，將理想付諸行動，倘若只知空談理想、紙上談兵，就只能遙望理想空嘆了。

有一位青年，每天都想著如何「一舉成名」，但是從不好好做事。

有一天，他遇到大發明家愛迪生，青年趕忙趨前請教愛迪生，如何才能揚名天下？

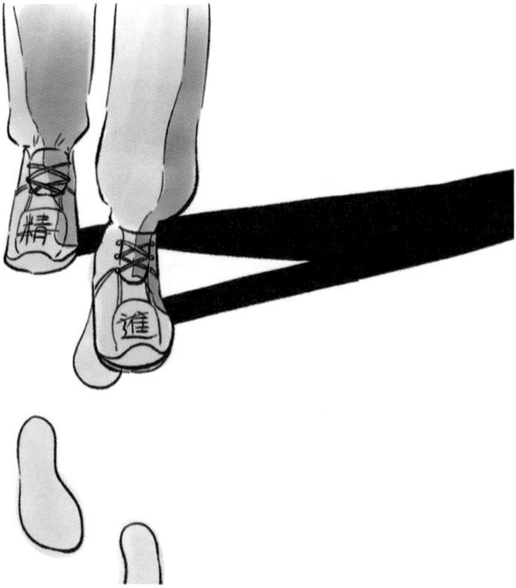

愛迪生知道青年的毛病，於是嚴肅、篤定地告訴他：

「等你死後，很快就會出名了。」

青年不解，問道：「為什麼一定要等到死後才會出名呢？」

愛迪生看著青年，對他說：

「就好比你想要擁有

一座高樓，可是從未實際動手去建，高樓當然不會憑空出現。如果你一輩子都活在空想之中，等你死後，人們就會經常提到你的名字，用以告誡那些只會做白日夢，卻不肯動手去做事的人。如此一來，你不就能夠達成名揚天下的心願了嗎？」

故事中的青年，只會坐而言，卻不懂起而行，因此愛迪生以「死後留名」點醒青年，讓他正視自己真正的問題，找出正確的道路——精進。

佛教的「四正勤」，最主要就是藉著精進行道，不懈怠，不空想，達成目標。「修行如駕上灘舟，暫歇篙時便下流；若不從茲勤努力，何時撐得到灘頭」，

不論修行也好，創業也好，甚至是想揚名天下，如果不懂得勤奮努力，成功永遠遙遙無期，理想就只是空中樓閣罷了。

長壽道人

佛陀有一個弟子叫長壽道人，家財萬貫、富可敵國。他不像一些富翁慳吝愛財、揮霍無度，卻喜愛救濟貧苦人家，幫助他們生活所需。對此，他的朋友很不以為然：「你布施得太多了吧？」

長壽道人說：「一點也不多！我曾聽佛陀開示，人輪迴於六道死死生生，那些日子多得難以想像。今日我所有的布施，一天還用不到一文錢，這算多嗎？佛陀說，得一切天下珍寶，遠不如聽聞一句法寶珍貴。因為擁有再多

的財產，若不能脫離世間苦難，也是枉然。」

朋友仍然試圖勸他：「那些錢財畢竟是你自己辛苦掙來的，應該儲存起來，善加利用才是。」

「你聽過一個故事嗎？」長壽道人接著說：「在一座山裡，有隻揭鳥擁有美麗的尾巴。一天，心愛的尾巴被樹乳粘住，牠生怕傷了五彩的羽毛，不敢輕舉妄動。後來被獵人發現，毫不費力地擒住；獵人回家後，拔掉揭鳥的羽毛，支解牠的身體當了食物。

你想，假如揭鳥不執著尾巴，何至於喪命呢？人類也是如此，只想到要發財致富，卻不見逼近的災難。錢財如果不懂得運用，非但無法享樂，還可能招致禍患，而布施便是處理財帛最好的方法。」

「你說的很有道理，但是花點錢，玩樂享福也無妨，而且也應該為兒女們留一些積蓄才是。」

「玩樂不一定能帶給人快樂，反倒是我看到那些窮人的笑容，感到很稱心快意。至於兒女，兒孫自有兒孫福，你看蜜蜂成日辛勤採蜜、釀蜜，偷蜜的人用煙火薰蜂巢，驅走蜜蜂，不但把蜂蜜偷去，還毀滅巢中的幼蜂和蜂卵。蜜蜂釀蜜招禍，和人類積財招患，都是不智之舉。」

長壽道人又說：「因此，人生在世若只知賺錢享樂，就像乘坐泥船渡河，那是很危險的。我將錢財拿來供養、布施，這才是最可靠的！」

長壽道人說的是，人生在世並非只是為了賺錢享樂。再者，忙碌一生，難道只是為了留給子孫「享福」嗎？反倒會餵養他們的貪念，只知揮霍玩樂，無益於子孫啊！

人生有很多有意義的事，好比長壽道人的濟貧助人，我們也可以透過讀書增長見識，透過旅遊體會不同的生命，透過交際活動學習與人往來，透過做義工開拓心胸，甚至三五好友談談人生、理想，探討生命，都能讓人覺得滿足踏實。

狗急跳牆

「狗急跳牆」雖然只是一個比喻，但也意味著人在危急時，往往會激發出不可思議的潛能。

有一個酒鬼，喝得醉醺醺的，當他走到墳墓旁邊，不慎掉進一個準備放置棺材的大坑洞裡，怎麼爬也爬不出來。酒鬼心想：算了，明天再爬吧！

不一會兒，聽到有物體落下的聲音，原來又有另一個酒鬼也掉下來了。前面的酒鬼打算靜觀後面的酒鬼如何爬上去，豈知後面的酒鬼也是醉醺醺的，爬了幾次還是爬不上去。

鬼！

前面的酒鬼看了不忍心，迸出一句話：「老兄，別費力氣了！」沒想到後面的酒鬼聽了這句話，心想：這裡怎麼會有聲音，莫非是「鬼」，嚇得馬上蹦了上去，頭也不回地拔腿就跑。

人類的潛能真是不可限量、不可揣度，當走到了絕境，沒有了依賴的對象，潛能就在此時被激發出來。愈是艱困，愈要相信自己具有無限的潛能，只要精進勇往直前，生命自會「柳暗花明千萬戶，敲門處處有人應」。

有些人因為生活困苦，工作失利，而感到心力交瘁，或鋌而走險，或結束生命。他們深陷在困境裡，看不到未來，人生也亂了方寸。其實，每個人都有想像不到的韌性，就像小草迎風，松柏經霜，都能夠展現出生命的忍力、柔軟與堅持，這便是潛能的開發，如同人人本具的佛性，只因蒙塵納垢才一時無法顯現光輝。

信女繡佛

我的故鄉有一個信女，年輕貌美，事親至孝，在鄰里間傳為美談。

有一年，她的母親因為年老、舊疾復發，病倒了。信女帶著母親四處求醫問診，病情卻未見好轉。眼看著母親終日為病苦折磨，她心痛不已。

某一夜，她跪在觀音菩薩前，含淚祈禱並虔心發願：母親身體若能痊癒，就以頭髮繡成一尊兩丈高的觀音聖像。

說來不可思議，她發願後不久，母親的病情就日漸好轉。

感於觀音菩薩加被，她開始將髮絲一根根剪下，劈成四條，髮若遊絲般在繡布裡穿梭。一天天，一年年，黛綠年華的妙齡女子，已成了老態龍鍾的老太婆；曾經像秋水一樣明亮的雙眼，也已矇矓不清。

經過六十年，兩丈高的觀音菩薩終於繡成，清淨

莊嚴，就像觀音化現一般。此時，她的雙眼也已失明，但是她宏大的願心及毅力，不僅成為鄉親的行誼典範，也在人間留下不朽的價值。

這位信女的眼睛雖然瞎了，但是，菩薩的雙眼卻永遠慈視著人間。她為報恩而奉獻的精神，令人欽佩；那份耐煩有恆的堅持，更不是常人所能企及的。

信女的精神讓人欽佩，我們是否也能自許：在讀書求學時，是不是始終持有堅定的毅力與積極進取的態度？在工作事業裡，是不是有愈挫愈勇的意志力？在修道過程中，是不是能時時以清貧為樂，保有向道之心呢？不妨以信女的精進堅持為榜樣，效法她的耐心與恆心，為自己的生命繡一幅不朽的作品！

過水齋

清世宗雍正年間，福州鼓山湧泉寺曾有一次僧糧殆盡，寺裡二百多位僧眾雖然沒有飯可吃，但是仍然依著叢林的規矩作息，午供，打板，過堂。

因米糧短缺，住持象先禪師只得領眾「過水齋」，也

就是以水代飯供佛、用齋。看著大眾以喝水飽腹，年方弱冠的住持慚愧不已，他跪在韋馱菩薩前，祈求：

「我無德無能，讓大眾喝水飽腹，我自己受苦不要緊，要大家吃這種苦實在過意不去。祈求韋馱菩薩慈悲，幫幫我們吧！」

一夕，住持夢見韋馱菩薩告知：「明天米糧就到了。」

隔日，有個商人由臺、暹（泰國的舊稱）買了一船的米，準備回鄉進行交易。回航的海上狂風大作，載米的船無法順利前行。忽然，半空中韋馱菩薩現身指揮，一時風息浪平，船方可駛向鼓山。

上岸後，商人看見湧泉寺屹立在前，心想：或許是菩薩要我將米糧布施寺院吧！於是商人特意到湧泉寺拜訪，才知道寺裡的僧眾已經一連幾天沒飯可吃，於是將整船的米搬到寺裡，供養僧眾。

住持見到大眾粥飯終於有著落了，趕緊跑去感謝韋馱菩薩，竟發現菩薩的衣衫在滴水。原來韋馱菩薩為了引船上岸，才弄得一身濕漉漉的，住持感激菩薩的幫忙，便說：「菩薩辛苦了，從現在起您就坐著吧！」

原本佛教寺院裡的韋馱菩薩，都是站立著的，因著這段善美因緣，唯有鼓山湧泉寺的韋馱菩薩是坐著的，顯現了菩薩的悲心護持。

常有人祈求佛菩薩保佑平安，將生活一切行住坐臥、柴米油鹽、權位富貴的得失窮通，都託付給佛菩薩，交給護法龍天，卻不知道自身的心念與努力更是重要。人有誠心，佛才有感應，一味的祈求，自己不付出也是徒然啊！

葉公愛龍

古代有位葉公，愛龍之心已到了如痴如醉的地步，舉凡家中的牆壁、家具、掛飾、書籍等，無不陳設著千姿百態的龍。他的世界，幾乎是活在收藏龍、欣賞龍裡頭。

一日早上，微風和煦，天氣晴好。他一如往常欣賞著一室形形色色的龍，正醉心其中，忽見天空飛來一條真正的龍，停駐在他的窗口。平日把玩在手的龍，竟然活生生地出現眼前，這突如其來的景況，教他難以承受，因此昏厥過去。

當他清醒過來時，真龍早已不見蹤跡，了無蹤影。

葉公愛龍，卻在真龍出現時驚恐昏厥，可見並不是真心喜愛。正如有些人雖然口中對父母、兄友時時表達關愛之情，但是到了父母老病、兄友失意落難時，卻棄之不顧。甚至有人將愛真理、愛公義掛在嘴邊，等到要為真理、公義犧牲時，卻不敢直下承擔。

真正的愛是一種責任，我們對父母有孝養的責任，對兒女有教育的責任，對社會國家有奉獻的責任。有責任感的人，不會放棄自身應負的責任，好比挑擔子，儘管再怎麼沉重，都會承擔起來。

葉公愛龍，比喻人說是一套，做又是一套，心口不一。一如有的人，在有能力為周遭的人事物奉獻己力時，只會在口頭上說說，承諾卻從未兌現過。其實，承擔才有進步，付出才有收穫。老是怕責任、怕承擔，永遠都無法成長，唯有勇於承擔，人生才能有所成就。

世間的眞相

「生前枉費心萬千，死後空持手一雙；悲歡離合朝朝鬧，富貴窮通日日忙；休得爭強來鬥勝，百年渾是戲文場；頃刻一聲鑼鼓歇，不知何處是家鄉。」憨山大師這一首偈語道盡了世間的真實相，貪執人生所有，終究我們能擁有什麼？

有個師父向弟子說：「世間是個幻影，唯有以自己為依靠，你還是隨我一起出家修行吧！」弟子說：「可是我的家人，我的父親、我的母親、我的妻子，他們非常愛我。我怎能拋下他們呢？」師父回答：「現在你有『我』和『我的』等妄想，所以會貪戀不捨。不過我可以教你一個方法，你就會知道世間的真相了。」

這個師父交給弟子一顆藥丸，吩咐說：「回到家裡服下這顆藥，不久你就會像一具屍體，但是腦筋清醒，可以聽到家人一切言行。然後我會到你家裡，再讓你恢復清醒。」

弟子依照師父的指示，吃了藥，躺在床上就像個死人，頓時家中一片哀號。母親、妻子和其他親人都伏在地上慟哭不已。就在這時師父走進屋裡，問他們發生什麼事情，家人哀傷地回答：「這孩子死了。」於是師父把一把脈，故作訝異地說：「不！他還沒有死，我有藥能夠救活他。」家人一聽，喜出望外，歡喜得不能自己。

師父繼續說：「我先說明，要救活他，必須有一個人先服這藥的一部分，這孩子再將其餘服下，但這個人會死。我想，這裡有這麼多愛他的親眷，當中一定有人願意為他服下這藥。」

話音甫落，哭聲頓時止息。母親首先說：「我們是個大家庭，要是我死了，誰來照顧這個家呢？」說完便低頭沉思不語。哀嘆命苦的妻子接著說：「我的孩子年紀幼小，如果我死了誰會照顧他們呢？」弟子聽見親人的反應，馬上一躍而起，向師父說：「我們走吧！」

故事中的師父說的真切：「世間是個幻影，唯有以自己為依靠」，我們試著把眼界放遠、放闊，看看這世間的所有，就像閃電倏忽即逝，誰能把捉？親眷愛侶、權勢財利帶不走，富貴利養、華衣美食帶不走，終日營營，費盡心機地計較，也不過是一場黃粱夢罷了。

鄒忌定霸業

齊威王即位後，不理朝政，將國家大事交由卿大夫治理，幾年間，諸侯不斷侵犯疆土。不少大臣進諫，但是威王就是不聽。

有一天，威王召鄒忌進宮彈琴消遣，鄒忌就想利用這個機會向威王進諫。

進宮後，鄒忌只以手撫琴，並不彈琴，威王不解，鄒忌就不厭其煩地大談樂理，但就是不奏曲。

威王說：「先生，你的樂理說得深得我心，但是光知道彈

琴之理還不夠，必須審知琴音才行，請先生試彈一曲吧！」

鄒忌回答道：「臣以彈琴為生業，當然要悉心研究彈琴的技法。大王以治理國家為要務，怎麼可以不好好研究治國的大計呢？這就和我撫琴不彈，擺空架子一樣。撫琴不彈，就沒有辦法使您心情舒暢；您有國家不治理，也就沒有辦法使百姓心滿意足。這個道理請大王要三思。」

威王因之醒悟，便和鄒忌大談治國定霸大業。

如同與齊威王有國而不治的道理一樣，學問，知而不行只是淪於空談；佛法，解而不行也無法證悟；理想，言而不行不過是唱高調；政策，定而不行如同紙上談兵；書籍，藏而不讀只能束之高閣；金錢，存而不用更是徒具虛有。不知力行實踐，不知奉獻利他，也不過是空虛而無意義的人生罷了。

與閻王鬥嘴

閻羅王殿上，一個白髮稀疏的老頭兒高聲喊冤：「閻王爺！你都沒有事先預告，怎麼就把我抓來呢？」

閻羅王沉著臉：「我早就寄給你好多封信，怎麼會沒警告過你呢？」

「可是，我一封信也沒有接到呀！」老頭兒不明所以。

「你六十歲的時候，村裡不是接二連三死了好幾個人嗎？這就是在告訴你人生無常呀！」

「這對我不痛不癢，算什麼警告啊？」

「又過了幾年，你配上老花眼鏡，吃飯還掉了幾顆牙，就是警告你已老邁，離進棺材不遠了。」

「這樣也算嗎？老花眼、掉牙齒，又不是老人的專利。」

「你七十大壽時，看到鏡子裡的自己，已是雞皮鶴髮，這是告訴你，離死亡不遠了。」

「這也算吶？」

「現在你八十歲了，各種病

苦讓你呻吟不息，這就是最後通牒。」

老頭兒這才恍然明白。

世間所有的悲歡離合、無常聚散，甚至雲散花落、髮白齒搖，都是閻王的警訊，能夠深入觀察、思惟，便能探得生命的真義。如果只是為物欲所牽，被虛妄的假相蒙蔽，只有渾渾噩噩過一生。

《大乘起信論》提到：「當觀一切世間，有為之法，無得久停，須臾變壞……」世間一切剎那生滅，恍惚如夢，愛情、名利、青春、財產無一可免。我們的身軀也是如此，在歲月的遷流下日益衰老，終至成為黃土一坏。

對於無常，我們不是只有束手無策的分，應該及時把握每個當下，為自己留下歷史，為後代子孫留下美言德範，為世人多一點奉獻，生命就能璀璨永恆！

墨汁當醋蒜醬

「書聖」王羲之，為了練就一手好書法，常常是凝神苦思、廢寢忘食。

他曾經在走路時，一邊思考書法的結構，一邊在衣服上來回行筆，年深月久，連衣服都被劃破；他每次練完字，便在家門前的池塘裡洗毛筆、硯臺，日積月累，池水由清轉黑，成為有名的「墨池」。

有一回，王羲之正聚精會神地練字，忘了去吃飯。妻子郗璿便讓家僮端一盤熱騰騰的饅頭，和一碗醋蒜醬，送去給他。

王羲之仍舊專心伏案練字，家僮幾次催促趁熱吃下，王羲之只是隨便應了幾聲：「好啦！就吃！」又自顧自揮毫疾書。

家僮沒有辦法，只得去稟告夫人。郗璿來到書房，瞧見王羲之手裡拿著一個饅頭往嘴裡送，才一口咬下去，又趕緊吐了出來，弄得滿嘴烏墨。看著妻子，王羲之不好意思地笑著說：「吃錯了！」原來，在吃饅頭時，他心思仍在練字上，而把墨汁當成了醋蒜醬，蘸著吃了。

王羲之勤學苦練的毅力與精神，造就他在書法史上不凡的地位。誠如曾鞏在《墨池記》所說：「以精力自致者，非天成也。」無論是學習或處事，要成功、有成就，靠的就是一份堅持與精進力。

《佛說孛經抄》中，佛陀以鑿池作譬喻，勉勵：「人所欲為，譬如穿池，鑿之不止，必得泉水。」經典亦載：「山中樹林，一年生者，可作柴燒；三年生者，可作椅凳；十年生者，方可為棟梁也。」同樣地，凡大事業，大成就，都必須持久有恆的奮勇不懈、努力耕耘才能致之。只要我們專心盡力在目標上，分毫不馬虎，扎實用功，還怕不能成功嗎？

做自己

牛的本性馴服善良，與世無爭，時而在草原上覓草飲食，時而在河邊飲用清涼的河水，牛群逐水草而居，生活過得十分愜意自在。

有一頭驢子，對於牛群自在的生活，非常地嚮往，一直很想融入牛群的世界裡。驢子自白心聲：「牛群多麼自在悠閒啊！吃著嫩草、喝著清水，令我心嚮往之。真想學牠們的模樣，一起享受美好的時光。」牠觀察許久，也思惟再三，終於決定走進牛群之中。

於是，牠緩緩地走近牛群，開始學著牛吃嫩草、喝清涼的河水，自以為悠閒地享受著。但驢子的本性仍揮之不去，會不由自主地用前腳刨地，擾亂了牛群世界裡的寧靜。

牛群壓抑著高漲的情緒，不想與驢子計較，沒想到驢子又學著牛的

叫聲：「我是牛啊！我也是牛！」

這亂吼亂叫的聲音，仍是驢子的音聲，這下可真惹惱了牛群，再也耐不住性子，群起圍剿不像牛的驢子；牠們以牛角一起觸撞驢子，而後揚長而去。

人都想受人讚美，獲人青睞，有的人便一味地迎和別人，如此很容易失去自己的獨特性，落於「刻鵠不成尚類鶩，畫虎不成反類犬」的境地，終究還是得不到別人的肯定，反而愈來愈沒自信。其實，每個人都有各自的本色，都有不同於旁人的獨特性格，無須模仿他人，東施效顰，徒然惹人訕笑。唯有依著自己的本性發揮，自能活出自己的風采，使生命發光發熱。

禪僧的責任

現代社會講究的不再只是學歷、經歷，更要求一個人的品德及工作態度。常有人說「做一天和尚，撞一天鐘」，即是提醒我們，做事要恪守本分，全力以赴。

京都花園大學校長立花大龜禪師是當代有名的高僧，已故的池田首相不論公事、私事都求教於他，松下也經常向他請益。

有一天，松下問禪宗將來會如何？

大龜回答：「會自然消滅。」

松下大驚，質疑道：「既然如此，像您這樣拚命弘法，到頭來不是白忙一場嗎？」

大龜說：「絕無此事，即使在禪宗消滅之前的一瞬間，我們還是要努力宣教，這是禪僧的責任。」

松下於言下悟到：要善用自己的每分每秒，

竭盡全力，才是為人之道。

我一生以「人生三百歲」的理念過活，不論是弘法度生，建寺安僧，廣結人緣，無不是分秒必爭，期望將自他的生命活出「無量壽」，大家一同為人間立德、立功、立言。

本分事，就要做好，堅持到最後一刻。不論艱難與否，都不放棄，不問結果如何，只問是否傾盡心力完成。即使遭逢人生的困境，只要勇於面對，以做本分事的心態，腳踏實地的努力，也能不憂不懼，安然度過。

顏琛苦讀

孔子的弟子顏琛，有一次要去向孔子請安，聽到屋內一段對話：

東門長老：「您不是說顏琛很聰明嗎？」

孔子：「可惜他沒有苦學的精神。」

東門長老：「那他將來有何造就？」

孔子：「他不願苦學，我從來就沒有指望他成材成器。」

在門外的顏琛聽了，慚愧交加，回房收拾包袱，只留下「三年後再會」幾個字，便回家了。

回到家，顏琛把自己關進書房，閉門謝客，發心苦讀。期間孔子先後來探望他兩次，都被顏琛以不在家或生病的理由回絕。

三年後，顏琛正準備出門，卻見孔子和東門長老往他家的方向走來，顏琛親自迎

上前，請孔子進屋。孔子遞了一塊寫著「三年後再會」的竹簡給顏琛，說道：「我按時來了。」

顏琛：「我正要出門去見恩師，沒想到您先到了。」說著，抱出一大堆書簡：「恩師！您考吧！」

經過一番試驗，孔子欣喜地讚歎道：「在我三千弟子中，顏琛可謂獨占鰲頭了。」

這世間，有的人因為「一句話」而積極向上，努力以赴；有的人則頹廢消沉，自暴自棄。「一句話」本身，並沒有是非對錯，但聽者是向上，是墮落？是力圖振作，是爭執不休？就看各人的解讀。「境緣無好醜，好醜起於心」，好壞順逆不過在吾人之一念罷了。

作家的計算

有天下午，一個作家枯坐在自己的書桌前，絞盡了腦汁，還是沒有任何創作靈感。

他一時心血來潮，拿了一張白紙開始計算，自己如果活到八十歲，還剩下多少日子。就這樣一張紙換過一張紙，突然間，他放聲大哭，原來他領悟到，就算活到八十歲，這個世界剩下的日子也無法真正估量。

我們的一生，究竟有多少時日，是真正用心在過生活？還是汲汲營營於工作與生計，盲目於情感歡樂，貪著於物質享受，計較著高低前後，成天忙碌追逐，卻不明白生命真義？

雪峰義存禪師嘆：「光陰倏忽暫須臾，浮世哪能得久居。」相對於宇宙的浩瀚悠遠，人生卻短暫如朝露，怎能不把握當前，認真對待？

人生一世，草生一秋。

在佛門，多少祖師大德視

時間如黃金般寶貴，分分秒秒都不空過：大迦葉尊者縱使年老，仍然堅持頭陀的苦行生活；百丈禪師親身力行「一日不作，一日不食」的理念；印光大師時時觀「死」以為警惕，珍惜當前。

又如大太陽下，老禪師回答道元禪師：「現在不晒香菇，難道等太陽下山才晒嗎？」《大寶積經》中更描述菩薩「常作佛事，無有休息」的精進力。凡此種種，都是我們的榜樣。

真正的人生不以歲月來衡量，真心的生命才能超越時空。能以祖師大德們的態度，真心誠意地過生活，我們也能領會到什麼是真正的人生、真心的生命。

放燄口

清朝紀曉嵐所著述的《閱微草堂筆記》，裡頭記載了一則故事：

明朝時，橫街上有一所宅第，從以前就盛傳有鬼怪作祟，使得家宅不安，屋主不堪其擾，於是延請僧人前來作佛事。就在夜晚放燄口的時候，燈下突然出現二名女鬼，她們先向誦經的僧人恭敬地行禮之後，便說道：「師父您們都飲酒食肉，如此誦經禮懺，根本毫無用處。即便是放燄口施食，所拋出來的米粒，也都只是虛擲而已，缺少了佛力的加持，鬼眾根本得不到這些施食啊！所以，煩請師父您代為傳話給屋主，另行禮請有德有修之高僧來作焰口佛事，那麼我們才能有幸超生。」

僧人聽完女鬼的話，不由得大為驚懼，同時又慚愧不已，竟然不知不覺中跌落到焰口法座之下，法會尚未終了，女鬼便滅了

燭離去。

後來，程文恭搬進這座宅第，另請有德僧人攝心誦經，從此屋宅裡，各種擾人的奇異怪象，便銷聲匿跡了。

很多人常會問，誦經超度究竟有沒有用？這就如同將一塊大石頭拋入江中，它必然撲通一聲沉入江底，如果將石頭放在船上，它就不會沉沒了。同樣地，罪業沉重的鬼道眾生，藉由超度佛事的法船，就能免於沉淪苦海。因此，只要超度法事做得虔誠如法，經咒便能發揮不可思議的功德，使得鬼道眾生得以了脫生死輪迴之苦。深明此理者，又豈會以輕心、慢心來看待超度佛事？

誦經、禮佛、持咒，要在「心」上用功夫。就像一般人視佛舍利為平常骨頭，但在佛弟子心裡卻是佛真身，因為有誠心、有信仰，才得佛力加持。有謂「念佛一聲，罪滅河沙；禮佛一拜，福增無量」，實是滅罪增福最簡易的修持法門，唯得力與否，就在是否真能「至誠懇切」了。

信心之路

佛陀時代，舍衛城有一位牧牛人，在森林裡四處尋找走失的牛。找到正午時分，他又餓又渴，只好走進精舍，比丘就拿了一些食物給他吃。

牧牛人問比丘：「尊者，今天到哪裡應供啊？」比丘回答：「今天只是吃乞食的飯菜。」牧牛人驚訝僧團的飲食豐盛美味，暗忖：平時日夜辛勤工作，也無法賺得如此豐盛的食物。於是，表達想要出家的意願。

但是他出家不久後，又對僧團的生活感到厭倦，於是離開僧團返回俗家。在家過沒幾天，又因為不想受挨餓之苦，而回到僧團。如此反覆六次來回僧團與俗家，比丘們都認定他是一個信心不堅定的人。

有一次，當他又想離家回到僧團時，不意走進房內驚見妻子沉睡時的醜態，震天

的鼾聲與流出的口水，使得他心中猛然一震：「我幾度出家，不能安住，難道就是迷戀這樣醜陋的形體嗎？」

他一路反覆思索無常和苦，終於證得須陀洹果。但是回到僧團後，比丘們都不願意再接納他，經他再三懇求後，才決定給他最後一次機會。在他精進努力下，終於證得阿羅漢果。

佛教史上，鑑真大師東渡日本弘法，六次遇難，玄奘大師西行取經，冒險橫渡八百里流沙，都是憑藉著一股對佛法的堅定信心，最終成就佛教大業。修道路上，信心能撤除疑慮的屏障，抵抗各種的誘惑，即使遭逢冤屈、迷境的考驗，依然仍能安住在道上。

獸心

深山野林中，有一隻野狐相信了「修鍊成精靈，就可以變成人樣」這種說法，於是牠日夜勤苦修鍊，無奈修行了很長的時間，還是不能變成人形。

有一天野狐進城，看見有個身穿貂皮馬褂的人，不禁大為驚奇，便去詢問有道的長者：「我想要變成人，修鍊了兩千年都不能成功。今天我看見一個人，上半身已經變成野獸了，請問他修鍊了多少年？」

長者說：「凡是想要變化形體，首先必須要變化他的心。

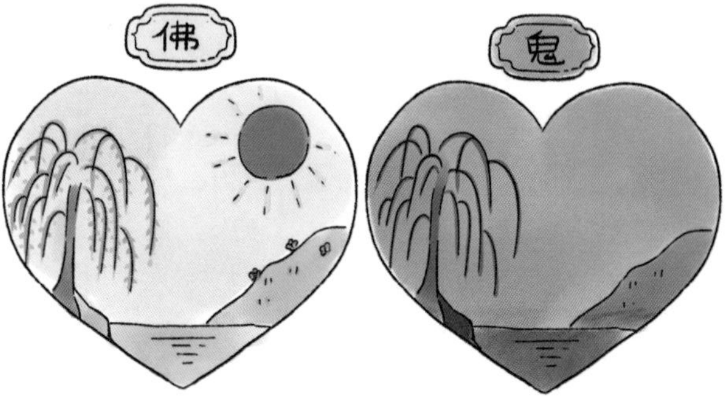

你雖然修鍊了兩千年，可是還沒有變成人心，所以到底還是不能變成人形。可是今天你見到的，明明是人，而上半身已經變作野獸，這種人的心，早已變成獸心，所以不必修鍊，隨時都可以變成野獸。」

這雖然是一則小說家的寓言故事，但也說明了，人和野獸的分別不在於形體，而在於心念。有道德、知廉恥、講信義，能分辨是非善惡、有慈悲惻隱之心，就能稱人，不但稱人，而且是仁人。當一個人的言行作為，不符合「人」的條件時，就會被譏為「禽獸不如」或「人面獸心」，就如《列子》所說的：「夏桀、殷紂、魯桓、楚穆，狀貌七竅皆同於人，而有禽獸之心。」

所謂「誠於中，形於外」，佛教唯識家也認為萬法都是「唯心所現」。佛陀大弟子之一的舍利弗尊者，有一個朋友曾經因為雕刻鬼像，長期觀想羅剎猙獰面孔，久而久之，竟然面部表情也變得醜陋恐怖；當他改刻佛像後，漸漸面相轉變，如佛菩薩一般慈眉善目。

我們能以佛心待人，世界自成佛境；若以鬼心處世，淨土也會變成魔界。

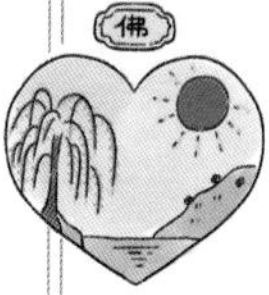

波斯匿王減肥記

印度時期，虔敬護持佛陀教團的波斯匿王，因形體肥胖，導致他稍稍活動就會汗流浹背、氣息長喘。

一日，波斯匿王前往舍衛國的祇樹給孤獨園，向佛陀請法問安。他恭敬頂禮後，便退坐到一旁。佛陀看到波斯匿王氣

喘如牛的模樣，就說：「大王，您太肥胖了！」

波斯匿王不好意思地說：「我為了肥胖的身體日夜苦惱，它造成我很大的負擔，也讓我慚愧不已。佛陀！我由此深觀，身體真是痛苦的根本啊！」

佛陀便以一偈語為國王說道：「人當自繫念，每食知節量；是則諸受薄，安消而保壽。」意思是說，我們應當時時自我提醒，飲食要知節量，不過分食用造成身體的負擔，才能保持輕安，健康長壽。

波斯匿王覺得有道理，決心以佛陀開導的方法「減肥」。他對在座的一位名叫鬱多羅的青年說：「在我用餐時，你能不能為我讀誦這則偈語呢？我願意賜你十萬兩，以為報酬。」

鬱多羅歡喜地答應了。

自此以後，每當波斯匿王用餐時，鬱多羅便恭敬地讀誦佛陀所說的偈語，提醒大王「飲食應知節量」。過了一陣子，波斯匿王滿身的贅肉果然逐漸消去，一身輕盈，容貌也變得莊嚴端正。波斯匿王滿懷感激地在王宮樓閣上遙拜佛陀，說：「尊敬的佛陀，感謝您的教導，使弟子斷除貪欲，獲得現世的利益與來生的安樂。」

許多人為了擁有曼妙的體態，以吃藥、節食、穿塑身衣等方法減肥，往往只是瘦了荷包，卻達不到功效。其實，正確的減肥方法，除了飲食知節量、適當的運動，心情的愉悅也是保持身材的好方法。更重要的是，自己也要有意志力與恆常心，才能獲得身體的健康，與心靈的安樂。

一念之間

傳說天堂、地獄之間，只隔一道牆。有一次，颱風颳倒了那一道牆，因此天堂的玉皇打電話給地獄的閻王：「我們趕快把牆修好，免得天堂、地獄的人，來來去去，混雜不清。我們雙方各推派出三名代表：工程師（建築）、銀行家（籌款）和律師（擁所有權）。」

地獄很快就推派出三名代表，天堂很久都推派不出。閻王很生氣地對玉皇說：「如果再拖延下去，後果你要承擔。」

玉皇說：「並非我不推派，實在是因為天堂沒有這三種人

才。銀行家只顧賺錢，工程師偷工減料，律師天天打官司，這三種人不會到天堂來。」

其實，銀行家、工程師和律師中都有好人。好、壞只在個人的一念之間；天堂、地獄也在一念之間。心中一念善就是天堂，心中一念惡就是地獄，因此我們每天隨著善惡念起伏，在十法界中升沉，時而人天菩薩，時而惡鬼畜生，一念之間就包含了所有的時空。

做人處事，如果能一念慈悲，對人多一分體諒，人際之間就能和合無諍，行事順利無礙。反之，如果人我關係惡劣，見面總是爭執不休，彼此都不愉快，要想做事順利就很困難。所以，要讓自己處在天堂或地獄，全取決於我們心中的一念。平日無論是自處或與人往來，不妨觀照自己的一念。

老欲依僧，急則抱佛

「抱佛腳」一詞，原是佛弟子對佛菩薩行最崇敬的禮節，透過雙膝跪地，雙手伏地，以頭頂佛菩薩的雙足，與佛感應道交。

唐代孟郊在〈讀經〉中即有「垂老抱佛腳，教妻讀黃經」的詩偈，意謂年老之際才來學佛，求佛祖的庇佑。爾後，凡是對於事前未做好準備，等到火燒眉頭，才慌忙應付，就稱之為「抱佛腳」，因此有「閒時不燒香，急來抱佛腳」的俗諺。

宋代劉攽在著作《中山詩話》也有記載著關於「抱佛腳」

的典故：

宋朝宰相王安石，一日與三五好友談禪論道，王安石突然一陣感慨，對眾人說道：「我已年老力衰，也該與和尚作伴，窮日落月，以青燈伴古佛，度此一生！」隨興作了一偈：

「投老欲依僧。」

坐中有一位好友，立

時作了一段下聯：「急則抱佛腳。」

王安石大感不悅，以為對方是在嘲弄自己，便言：「我說的『投老欲依僧』是一句古詩。」

這位好友笑一笑說：「我念的是一段俗諺，倘若去掉您那句古詩的『投』，拿掉我這句俗諺的『腳』，不就是『老欲依僧，急則抱佛』的妙對嗎？」

在座的大眾皆為之大笑，王安石也轉怒為喜，讚賞友人的才學智慧。

一般人常有「臨時抱佛腳」的心態。譬如平日不認真讀書，一待考試才來開夜車，成效必然大打折扣；平常不懂得儲蓄金錢，真要急用時，四處向人周轉，也不一定得到他人的支援。因此，平時就做好準備，儲備足夠的資糧，就無須擔心臨時抱不到佛腳的窘困了！

作　　者　星雲大師

執行編輯　妙昕法師、有融法師
美術編輯　洪昭賢
繪　　圖　龍信羽、陳美美

出版·發行　香海文化事業有限公司
發 行 人　慈容法師
執 行 長　妙蘊法師

地　　址　241 新北市三重區三和路三段 117 號 6 樓
　　　　　110 臺北市信義區松隆路 327 號 9 樓
電　　話　(02)2971-6868
傳　　真　(02)2971-6577
香海悅讀網　www.gandha.com.tw
電子信箱　gandha@gandha.com.tw
劃撥帳號　19110467
戶　　名　香海文化事業有限公司

總 經 銷　時報文化出版企業股份有限公司
地　　址　333 桃園縣龜山鄉萬壽路二段 351 號
電　　話　(02)2306-6842

法律顧問　舒建中、毛英富
登 記 證　局版北市業字第 1107 號

定　　價　新臺幣 280 元
出　　版　2019 年 3 月初版一刷
I S B N　978-986-97229-1-9
建議分類　寓言 | 哲理 | 心靈

國家圖書館出版品預行編目 (CIP) 資料

星雲說喻 . 四 , 精進 / 星雲大師作 . -- 初版 . -- 新北市 :
香海文化, 2019.03 352 面 ; 11.5X18 公分 (人間佛教叢書)
ISBN 978-986-97229-1-9 (精裝)
224.519　108002243